1979—2021

中国男装四十年

熊兆飞　卜晓强　张庆辉　编著

中国纺织出版社有限公司

内 容 提 要

  《中国男装四十年（1979—2021）》是一部系统研究改革开放四十年以来中国男装产业及其风格变迁的专业书籍。本书以产业篇、文化篇、设计教育篇为主体框架，全面深入对中国男装四十年的产业变迁史、文化嬗变史、设计教育史进行了详细的梳理，同时对这些变迁背后深层次的原因进行了有益的探讨。

  本书图文并茂，史料翔实，是一本研究中国男装发展的专业书籍。

图书在版编目（CIP）数据

  中国男装四十年：1979-2021／熊兆飞，卜晓强，张庆辉编著．-- 北京：中国纺织出版社有限公司，2022.11

  ISBN 978-7-5180-9938-2

  Ⅰ.①中… Ⅱ.①熊… ②卜… ③张… Ⅲ.①男服－服装工业－产业发展－研究－中国－1979-2021 Ⅳ.① F426.86

  中国版本图书馆 CIP 数据核字（2022）第 189327 号

责任编辑：宗 静 责任校对：楼旭红 责任印制：王艳丽

中国纺织出版社有限公司出版发行
地址：北京市朝阳区百子湾东里 A407 号楼 邮政编码：100124
销售电话：010—67004422 传真：010—87155801
http://www.c-textilep.com
中国纺织出版社天猫旗舰店
官方微博 http://weibo.com/2119887771
北京华联印刷有限公司印刷 各地新华书店经销
2022 年 11 月第 1 版第 1 次印刷
开本：787×1092 1/16 印张：13
字数：200 千字 定价：298.00 元

项目组成员

刘　勇　阎　珺　袁　桦　李　斌　乔　丹　李中元
郭梦娜

图表制作人员

高婉静　徐　可　刘若安　杜　涵　王　霞　李慧娴
蒋　萌　库偲雨　宋欣锐

M

序

改革开放四十多年来，我国纺织工业迎来了跨越式发展，实现了翻天覆地变化。改革开放让这个长期处于短缺经济状态的传统产业一跃成为全球规模最大、产业链最完整、综合竞争力最强的国民经济支柱产业、重要的民生产业、国际竞争优势产业，在我国现代化建设进程中发挥了至关重要的作用。

在20世纪80年代，中国推进现代化建设第一步战略。纺织工业由于生产力大解放，率先使国家能在1983年结束纺织品凭票应的制度，放开国内纺织品服装市场，同时落实国家轻纺出口优先政策，不断扩大出口创汇，为国家缓解外汇短缺困境建立了功勋。

在20世纪90年代，确立了建设社会主义市场经济，促进纺织服装行业资源配置效率大幅提升，发展方式逐步从粗放型向集约型转变，结构调整、技术改造加快推进，多种经济成分共同发展，纺织服装企业大量引进技术、品牌、人才和先进管理，在服装行业倡导名牌战略，启动"名牌和名师工程"，推进服饰文化建设，服装品类逐步健全，自主品牌的发展如雨后春笋，使我国在20世纪末建成世界最大的纺织服装生产国和出口国，为实现现代化建设第二步目标做出了重大贡献。

在21世纪头20年，我国实现了全面建成小康社会。伴随着加入WTO，在全球化和第四次技术革命浪潮推动和日益增长的内需拉动下，纺织工业基本实现了以建设纺织"科技强国、品牌强国、可持续发展强国、人才强国"为核心的强国建设目标。中国纺织服装产业不仅纤维加工总量超过全球50%，出口额超过全球三分之一，而且以自动化、智能化、信息化为主要标志的先进制造技术也居世界首位。服装产业作为纺织工业三大终端产业之一，它进入世界强国之列，是中国纤维材料、纺纱织造、印染整理、纺织服装装备制造业先进技术，数字化信息化智能化进程，以及生产方式、生活方式演进和文化创意生产力大幅提升的集中体现。中国服装业数字化建设成果已走在全球前列，CAD普及率达80%，CAD/CAM联动普及率达30%。射频识别技术（RFID）普及率达30%，已有一大批骨干企业采用"智能吊挂系统+自动缝制单元+全自动立体仓储物流系统"自动化生产线。培养了宏大的服装设计、技术研发、经营管理人才以及信息网络人才队伍。通过网络平台线上定制与虚拟体验同实体制造与物流的智能化融合的新型生产、营销、零售方式也已出现。大批服装自主品牌已走上世界，在国内主要大型商业已占据85%以上，现代智能化样板工厂已建成，具备现代生产力的大规模定制企业超过100家。

男装行业在四十多年的发展进步，是整个服装产业发展进步的缩影。它经历了从小到大，从弱到强，从传统手工业小生产方式变成以先进制造技术为支柱的现代产业体系，从产品经济转为市场经济，从代工生产到品牌创造，从满足内需到面向全球化，走出一条具有中国特色的产业发展和升级道路。全面归纳梳理男装行业的发展历程，对于加快纺织服装行业现代化进程，担当起建设社会主义现代化强国的历史重任，具有重要历史意义。

中国在全面建成小康社会的基础上再奋斗十五年将基本实现社会主义现代化，接下来再奋斗十五年，我国将建成富强民主文明和谐美丽的社会主义现代化强国。为了实现这一宏伟蓝图，中国纺织服装行业在基本完成纺织强国建设的基础上，正在全面贯彻新发展理念、构建新发展格局，聚焦科技纺织、时尚纺织、绿色纺织三大定位，推进产业持续升级和高质量发展。这为中国男装产业，乃至整个中国纺织服装业在新时期满足人民群众对美好生活的更新期待，担当起国民经济更重任务，展现出无比宏伟而光荣的奋斗前程。

由中国服装设计师协会指导，中国男装设计中心、武汉纺织大学和广东红棉时装城共同完成的《中国男装四十年（1979—2021）》一书，正是在这一背景下完成的。我相信，通过对改革开放以来中国男装发展与政治、经济、文化、社会生活等因素之间的关系，将对我国纺织服装业特别对男装行业在新时期的长远发展提供有益的借鉴和思考。

最后，衷心祝贺《中国男装四十年（1979—2021）》出版。

2022. 10. 20.

前　言

改革开放四十年来，我国服装产业实现了跨越式发展，取得了举世瞩目的成就，已经成为全球最大、综合竞争力最强的产业，在文化、消费、民生等领域发挥了突出作用。

服装是社会进步与发展的集中体现，不同的时代有着不同风格的服装。如果说女装是社会时尚的风向标，那么男装则是时代变迁的重要标志。男装的变化既有时代性特征，也反映了产业的技术、艺术与思想的融合。我国男装产业起步早，开放程度高，早在20世纪90年代之初就率先引进了国际先进技术，并以此为契机产生了一批具有社会影响力的品牌。如今，在科技、时尚、绿色的产业发展背景下，男装产业充分发挥技术与艺术的相关性，尤其是运用数字化手段，成为满足消费、促进产业高质量发展的主阵地。对改革开放以来中国男装产业发展的研究，既是全面归纳总结产业的发展经验，也是中国服装史中的一个重要内容。通过对改革开放以来中国男装发展的研究，探讨这段时期中国男装的发展特点和男装发展与政治、经济、文化等因素之间的关系，既能够丰富这一时期中国男装发展的资料，促进服装设计教育和服装设计实践的深入，又能通过归纳总结男装发展的经验，更好地推动服装强国建设。

本书共分为三篇，分别为产业篇、文化篇以及设计教育篇。

产业篇主要从男装产业的变迁、规模及布局、技术的发展三章系统论述改革开放四十年以来男装产业从无到有、从有到大、从大到强的发展历程。男装产业的变迁侧重于历史宏观的视域，从叙事的角度系统展示了改革开放四十年以来中国男装产业的具体变迁；男装产业的规模及布局是从经济与地理的角度展示了改革开四十年以来中国男装产业发展的具体的经济数据与地理分布特点，生动具体地描述了改革开放四十年以来经济政策调整与中国男装产业发展的内在联系；男装产业技术发展则是从技术发展与创新的角度，归纳总结改革开放四十年以来中国男装发展机遇与挑战，并进行了相应的展望。

文化篇主要从男装品类对改革开放四十年以来中国男装嬗变具体的过程进行了系统的归纳与分析，并对其变迁的具体原因进行了深入的探究。本篇分别从男式西服、中山服、男式牛仔服、男式夹克、男式T恤、男式衬衫、男式西裤七大男装品类徐徐展开，分别从变迁的表征入手，分析造成其变迁的内外因素，试图站在反辉格的立场还原改革开放四十年中国男装文化变迁的实质与本原。

设计教育篇则主要从中国男装品牌的成长、设计师的分类、设计风格嬗变以及相关高等教育发展四个维度展现了改革开放四十年以来中国男装设计领域发展的状况，站在"我者"——设计师与高校教师的立场，对改革开放四十以来中国男装设计领域进行自我解构，解析品牌—设计师—设计风格的内在关联，以及相关高等教育对男装设计的推动作用。

简言之，中国男装四十年的变化，深刻反映了改革开放以来时代的变迁，它是中国逐渐强大的表征与伟大复兴的先兆。改革开放四十年以来，男装品类的逐渐复杂化充分反映了中国人民生活水平稳步提高的事实，款式的多样化则完美展示了中国男性追求美的事实，色彩的多元化深刻映射了中国社会越来越包容的事实。本质上，中国男装四十年的变迁不仅是中国男装史的重要组成部分，同时也是中国社会变革史重要组织部分，通过其可以了解改革开放四十年以来中国男性的生活史与思想史。

2022年10月17日

目 录

M

第一部分

产业篇

　　中华人民共和国成立后，随着新中国的纺织工业体系的建立，服装产业也逐渐发展起来。1978年改革开放为纺织服装产业发展奠定了深厚的基础。1992年以后，我国市场经济体制逐渐确立。随着改革开放的深入推进，发达国家和地区的资本、技术进入我国珠三角、长三角等东南沿海地区，技术、资本以及先进管理理念的引入，极大地推动了服装产业的快速发展。2001年中国加入世界贸易组织，服装产业迎来了自身快速发展的新阶段，一些男装企业逐渐发展起来。2010年之后，男装业出现了一批具有竞争力的品牌。在新时期，男装企业正用强有力的品牌、有竞争力的成本、快速的反应体系、线上线下融合等手段，为中国服装产业的可持续发展探索努力。

1 男装产业变迁

　　中华人民共和国成立后，随着新中国的纺织工业体系的建立，服装产业也逐渐发展起来。1978年改革开放为纺织服装产业发展奠定了深厚的基础。1992年以后，我国市场经济体制逐渐确立。随着改革开放的深入推进，发达国家和地区的资本、技术进入我国珠三角、长三角等东南沿海地区，技术、资本以及先进管理理念的引入，极大地推动了服装产业的快速发展。2001年中国加入世界贸易组织，服装产业迎来了自身快速发展的新阶段，一些男装企业逐渐发展起来。2010年之后，男装业出现了一批具有竞争力的品牌。在新时期，男装企业正用强有力的品牌、有竞争力的成本、快速的反应体系、线上线下融合等手段，为中国服装产业的可持续发展探索努力。

1.1　男装产业萌芽期（1979~1992年）

　　1978年，党的十一届三中全会召开，标志着中国从此走上改革开放的道路。随着改革开放的深入，物资越来越丰富，商品市场开始活跃，曾经严格的票证制度越来越松动，国家逐步缩小了消费品定量配给的范围。20世纪80年代前期，随着纺织品生产的大幅增长，特别是化纤纺织品的迅速发展，纺织品在总量上已经能够较好地满足人民的基本需要。1983年12月，取消布票制度，棉布敞开供应，这是纺织工业在解决人民穿衣方面取得的一个重要的标志性成果。

　　20世纪80年代中期，纺织工业系统认真贯彻《中共中央关于经济体制改革的决定》，落实国务院有关搞活企业的各项政策，促进了生产建设的发展和经济效益的提高，适应了国民经济调整和发展的需要。1986年，服装工业由原来的轻工业部划分到纺织工业部，之后国务院决定将服装和丝绸归口纺织工业部管理。党中央、国务院决心把振兴纺织工业、扩大纺织品出口，作为实现20世纪末宏伟战略目标的一个重要环节来抓，进一步确立了纺织工业在今后一个时期内作为主要出口创汇产业的战略地位。一方面，

1980～1985年间，政府逐步贯彻对外开放、对内搞活的方针，大力发展消费品市场，把服装工业列为消费品生产三大支柱产业之一，促进了服装工业向新的发展时期过渡。另一方面，随着棉花的连年增产和化纤工业的发展，纺织品的资源日益充裕。进入20世纪90年代，随着中国纺织工业的发展，服装产业也迅速发展起来。1990年全国纺织品服装出口创汇138亿美元，占世界纺织品服装出口总额的7.48%，位居第四位，其中服装出口额占世界服装出口数的6%。1991年纺织工业部在全国开展了"品种、质量、效益年"活动，以技术进步为手段，抓重点产品带动全行业，使纺织工业的质量工作得到了进一步深化。

"七五"时期，是我国纺织工业的重要发展时期。随着改革开放和治理整顿的不断深入，纺织工业的行业结构、产品结构和企业组织结构有了较大改善。服装和丝绸行业划归纺织工业后，实现了大纺织管理体制，推动了深加工的发展。企业管理和企业经营机制不断加强和完善，提高了产品质量和企业的应变能力，基本建设也取得了很大的成就。从1979年起，国家开始逐步推行对外开放政策，并建立了深圳、珠海、汕头、厦门4个经济特区。这是中国走上对外开放的起步阶段，经济开始活跃，对外交流不断频繁。由于服装产业处于进出口贸易的需求，服装企业逐渐在沿海集聚。以东南沿海地区为主的各级政府在改革开放初期纷纷推动服装产业的生产和加工。国营、乡镇和集体为形式的各类服装厂在沿海地区应运而生，形成最初的服装加工产业。由于服装出口政策的推动，男式西服、衬衫等品类服装成为男装贸易的主要品类。

1.2 男装产业起步时期（1993~2000年）

1993年，党的十四届三中全会通过了《关于建立社会主义市场经济体制的若干问题的决定》，明确提出国有企业必须"建立现代企业制度"，这一制度是我国发展社会化大生产和市场经济的必然要求，是我国国有企业改革的方向。我国企业的改革进入一个崭新的时期。同年，根据党的第八届全国人民代表大会第一次会议通过的国务院机构改革方案，撤销纺织工业部，组建中国纺织总会。与原纺织工业部比较，总会弱化了政府行政管理职能，加强了为企业服务、沟通政府与企业关系的职能。为了贯彻党的十四届三中全会的决定，适应建立社会主义市场经济体制的需要，在金融、财税、投资、外汇等重点领域进行重大改革的同时，必须进一步深化对外贸易体制改革。国务院做出《关于进一步深化对外贸易体制改革的决定》，提出我国外贸体制改革的目标是：统一政策、放开经营、平等竞争、自负盈亏、工贸结合、推行代理制，建立适应国际经济通行规则的运行机制。为了加强和完善宏观调控，确保国家财政收入，国务院还发出《关于严格控制减免进口税收问题的通知》。在此背景下，1992~1995年是历史上服装工业发展最快的时期，国内成衣率明显提高，"八五"期间从40%增长到55%以上，服装产量快速膨胀，年平均增长为2.56%。1995年，服装制造业的工业生产总值为1170.05亿元，是"七五"时期的7倍，服装产业得以迅速发展（图1-1）。

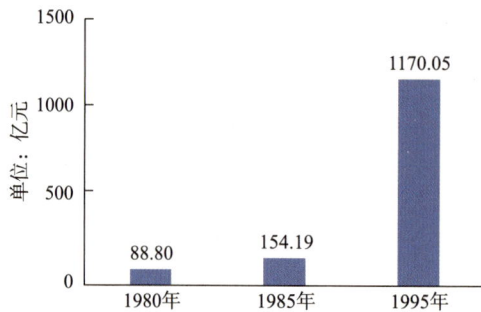

图 1-1　1980~1995年服装制造业工业总产值变化
（数据来源：中华人民共和国1985年、1995年全国工业普查资料汇编）

20世纪90年代中期，中国进入了全面建设社会主义市场经济体制的新阶段。改革以前所未有的广度和深度全面推进。而与此同时，国有企业不适应市场激烈竞争的矛盾越来越突出。1995年，我国服装仅比1994年增长1.3%，比"八五"前4年的平均增长低28.7个百分点。机织服装的出口出现了负增长。服装占我国出口总值比重下降。主要原因包括：①服装出口退税的不确定性和严重滞后影响外贸的经营。②外贸体制约束和行业内无序竞争造成服装出口产品价格极低。③没有自己的品牌和市场，难以获得市场竞争优势。

在这一阶段，服装产业面临世界服装产业结构调整，新技术、新工艺、新面料、新品种不断应用的国际形势。同时由于出口效益不佳，国内服装市场成为国内外服装企业竞争的热点。大批服装企业凭借多年做外销积累的经验和技术去争夺内销服装市场，并利用其雄厚的资金和品牌、面料的优势，通过开设专卖店、搞代理等方式，争相扩大在高、中档服装的市场份额。1995年，在激烈的国内竞争背景下，名牌战略兴起。服装企业竞争创名牌，加快了经济增长方式的转变，一批以资产为纽带、名牌产品为龙头、依靠科技进步和多种经营求发展、拥有世界一流服装生产技术和设备的大型企业集团在服装行业中形成。名牌为企业带来明显的经济效益。随着"名牌战略"

的推进，服装市场明显向好。1996年，我国服装总产量达到95.29亿件，比1995年增长约10%。据中国服装协会统计，1995年服装行业销售收入超过5000万元的企业有105家，利税过千万的有71家，这些企业中绝大部分是名牌服装生产企业。

随着服装出口渠道增加，男装出口数量和金额均有大幅度的增加。出口品种有男大衣、男裤及套装、男衬衫等。《中国纺织工业发展报告》数据指出，1994年，男大衣出口10903万件，同比增长25.11%，金额109971万美元，增长24.45%，单价10.09美元。男裤及套装90201万件，增长31.86%，金额399230万美元，增长50.42%，单价4.43美元。男衬衫47517万件，增长18.26%，金额147114万美元，增长14.48%，平均单价3.10美元。由于相对较低的价格，男裤及套装在国际市场上展现出较强的竞争优势，出口数量和金额出现了较大幅度的增长（表1-1）。

表1-1　1994年男装品类出口统计情况表

品类	出口数量（万件）	出口金额（万美元）	增幅（%）	平均单价（美元）
男大衣	10903	109971	25.11	10.09
男裤及套装	90201	399230	50.42	4.43
男衬衫	47517	147114	14.48	3.10

随着改革开放的深入和经济的不断发展，国内衣着类商品零售额持续增加。1994年，社会消费品零售总额达到16053亿元，其中衣着类商品零售总额达2617亿元，占社会消费品零售总额的16.3%。服装零售额超过1350亿元，年服装总销售量约为30亿件。全国73家大型百货商场统计，商品销售总额408.22亿元，增长24.1%，其中服装销售额70.57亿元，增长30.6%，占商品销售总额的17%，服装产品在各地均为消费热点。除国营渠道外，全国陆续涌现出一批纺织服装集散中心，大中城市相继建立了服装专卖店和连锁店。同时，国外品牌进入中国市场，农村和城市差距逐步缩小。国内服装市场呈多元化、多渠道销售特征，批发市场成为服装产品的主要集散地，发挥着越来越重要的作用，已不再只是个体经营企业的产品集散地。服装零售方面竞争激烈，服装零售业接近"完全竞争市场"。20世纪90年代末，服装行业由萌芽初期的"供不应求"转为"供大于求"，买方市场逐渐形成。自1998年起，服装价格连续3年均为负增长。伴随国际市场的疲软，服装行业面临错综复杂的考验，出口大幅度下降。一部分落后企业逐渐淘汰，大中城市中单纯依靠加工的服装企业举步维艰。男装生产企业

在产品生产上"系列化""多层次化"发展趋势明显。一些拥有知名品牌的衬衫和西服企业，在产品系列化发展中，新增了生产线，如衬衫厂增加了西服产线，使西服和衬衫的生产迅速膨胀。同时，企业依托自己的品牌的商誉优势，形成"一牌多品，一品多牌"，在市场定位和产品组合策略上，走"多层次""系列组合"的发展道路，扩大销售。同时，一些规模较大的企业开始着眼于信息化发展，提高企业的技术水平。

这一阶段，我国男装产业已在西服、衬衫等产品生产企业中形成一批具有相当实力的企业集团，服装行业将进入优势扩张的新一轮竞争。当前，在服装行业内部存在的主要问题是：第一，在国际服装市场上，没有知名服装品牌。服装产品的技术含量普遍较低，高科技的应用在行业中尚未得到充分的重视。第二，服装产品的设计水平不高，大多数企业生产的服装，或设计成分少、缺乏创意，或偏重设计意念，实用性不够。第三，大部分企业不注重市场调查研究，没有明确的市场定位，造成服装生产结构与消费结构不相适应。产品结构趋于同化，行业内低水平的竞争激烈。第四，企业重经营，轻管理，灵活的经营手段带来的暂时效益，掩盖了企业科学管理的重要性。当市场发育逐渐成熟，落后的企业管理方式成为制约企业发展的主要因素。

1.3 男装产业高速发展时期（2001~2011年）

男装产业高速发展时期的政策重点在于着力打造自主品牌，提高质量，增加品种，满足多样化的需求。随着服装产业的进一步发展，"十二五"期间服装产业的重点转为强化环保和质量安全，提升工艺技术装备水平，加强企业品牌建设，从而加强企业影响力和竞争力。我国服装行业经历了从代工到自有品牌生产、出口，再到绿色化、品质化、品牌化的发展路径，政策的不断演变反映了我国服装行业发展的良好势头与强劲动力（表1-2）。

表1-2 男装产业发展时期产业政策一览表

时期	主要政策	政策焦点
"十五"时期	1. 技术和产品结构调整 2. 组织结构调整 3. 区域结构调整 4. 国有企业战略性改组 5. 推进信息化建设 6. 可持续发展	产业调整及重组 推动技术进步

续表

时期	主要政策	政策焦点
"十一五"时期	1. 调整产业结构，推进产业升级 2. 坚持自主创新，实现产业可持续发展 3. 优化产业布局 4. 培育自主品牌 5. 提高利用外资质量，扩大经济技术合作 6. 实现产业可持续发展 7. 注重知识产权保护，推进行业技术进步，促进人才培养	自主创新 品牌战略 绿色发展 人才保障
"十二五"时期	1. 增强自主创新能力 2. 加快技术升级步伐 3. 加强质量管理和品牌建设 4. 加强节能减排和资源循环利用 5. 发展现代产业集群 6. 优化产业区域布局 7. 提高国际化水平 8. 加强人力资源建设 9. 优化组织结构及提高管理水平	技术进步 节能减排 区域协调 培育国际竞争力

2001年11月10日，在卡塔尔多哈举行的世界贸易组织（WTO）第四届部长级会议通过了中国加入世界贸易组织法律文件，标志着中国终于成为世界贸易组织新成员。世贸组织总干事迈克尔·穆尔致函世贸组织成员，宣布我国政府已于2001年11月11日接受《中国加入世贸组织议定书》。随之进入2002年，我国全面建设小康的开局之年，也是我国加入WTO的第一年。全球经济呈现温和复苏态势和国际纺织品贸易进一步向自由化回归，中国纺织工业国际竞争力提高。世界经济和贸易明显减速，因此也扩大了服装的需求。2001年，服装行业全部国有及部分年产品销售收入500万元以上的非国有工业企业完成服装产量77.76亿件；其中机织服装完成产量38.50亿件，比上年增长11.63%。根据中国服装协会调查推算，全年社会机织服装生产总量为112亿件，比上年增长5.6%，增速达到本行业"十五"规划确定的预期发展目标。根据国家统计局统计，2002年服装行业规模以上企业，全年完成服装产量87亿件，比上年同期增长8.53%，其中机织服装完成产量45.9亿件，比上年同期增长18.83%。2003年服装行业规模以上企业，完成服装总产量为98.43亿件，其中机织服装产量49.39亿件，针织服装产量47.81亿件，2001～2003年服装产量不断增长，发展势头明朗（图1-2）。

然而，2003年服装行业先后面临了伊拉克战争、"非典"疫情、棉价上涨、贸易摩擦不断等诸多不利因素，世界经济和贸易明显减速，因此我国进一步实施积极的财政

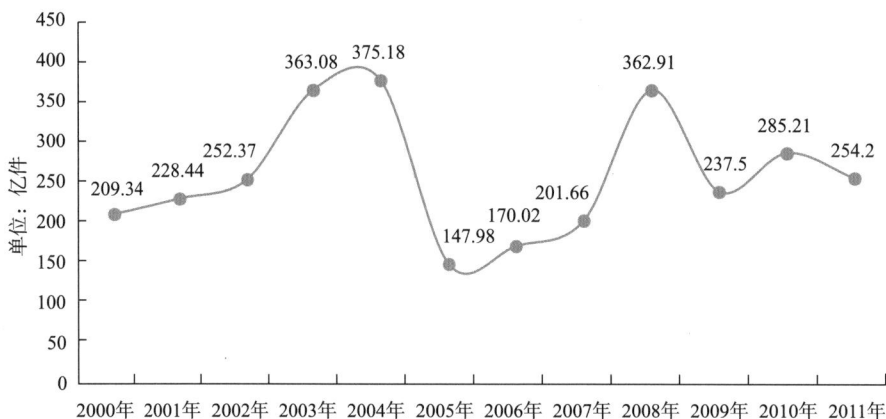

图1-2　2000～2011年服装产量
（数据来源：EPS中国工业经济数据库）

政策和稳健的货币政策扩大内需。到2004年1月31日,《国务院关于推进资本市场改革开放和稳定发展的若干意见》颁布。"国九条"是自1992年国务院68号文件以来,国务院首次就发展资本市场的作用、指导思想和任务进行全面明确的阐述,并成为相继出台的一系列政策的核心和出发点,也成为服装产业经济能快速发展的奠基石。2004年我国服装行业处于一个承上启下的转折关键。服装行业进入后配额时代。在2004年,服装行业规模以上企业累计完成服装产量375.18亿件,比2003年增长3.3%,但因统计口径变动的影响,2004年服装产量实际增长率有所降低。而2007年,纺织行业加强技术进步和品牌建设加快行业结构调整和产业升级步,进一步提升技术和管理水平,使其综合竞争力不断增强,服装产业资源迅速向大企业转移,规模以上服装企业产量占比大幅提高,东部地区占据很大的生产份额,但生产已经开始收缩,中部地区产能增长平稳,梯度转移平稳推进。产业资源向大企业集中,中小企业特别是加工型中小企业遭遇生存危机,服装中小企业开始萎缩。2008年是我国服装行业发展史上极不寻常的一年,行业发展步入一个新的历史阶段。在前所未有的复杂多变的环境下产业加速调整、升级,产业新格局日渐清晰。我国服装产业规模扩张止步,尽管全国服装总产量下降,但行业整体素质在提高,落后产能得到有效淘汰,产业资源加速,向有发展潜力的地区和企业流动。2009年,我国规模以上企业完成产量237.5亿件,比2008年同期微增6.94%。我国服装产业进入了产能调整的关键时期。根据国家统计局数据,2010年我国规模以上企业累计完成服装产量285.23亿件,同比提高了18.60%,增幅比2009年同期提高了11.66个百分点。服装产业处于恢复期和转型的助跑期,产业的区域格局开始调整但尚未发生明显变化。中西部地区产量上升速度较快,但基数低,尚不足以影响全国生产和格局变化。中、西部地区服装产量分别同比增长26.98%和49.08%，占全国服装总产量的比重分别达11.62%和1.57%。2011年，服装产量增速回落。根据国家统计局数据，2011年我国规模以上企业累计完成服装产量254.20亿件，同比增长8.14%。

1997～2002年我国服装产品出口单价连续6年下降，这一局面在2003年有所改变，服装出口金额的增幅首次高于服装出口数量的增长，说明我国服装出口产品的单价有所回升，其主要原因在于棉价上涨以及服装企业"走出国门"的策略已见成效。同时，服装产品结构在改变和提升，高附加值产品比重略有增加。2004年服装出口再创新高，服装及衣着附件累计出口618.57亿美元。针织服装量持续大幅增长，女装和高附加值产品增势明显（图1-3）。

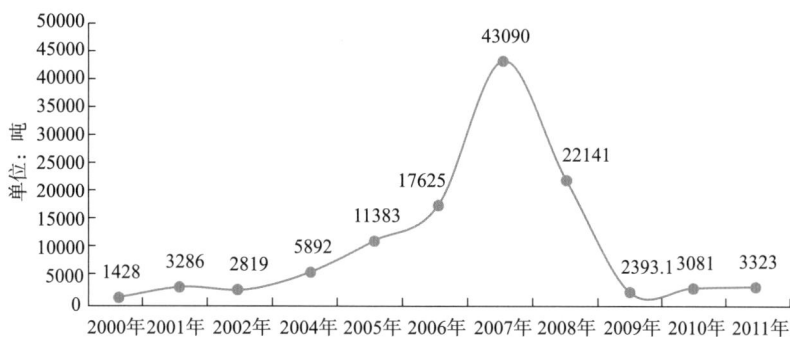

图1-3 国内服装出口供货商品量
（数据来源：中国国家统计局、中国国家粮食和物资储备局）

2006年世界贸易增长7%，比2005年增长1个百分点。良好的外部需求拉动，使中国纺织品服装出口增长幅度超过2005年。但随着金融风暴的蔓延，2009年我国服装累计出口数量同比减少了35.70亿件，同比下降了12.08%。2010年服装出口基本恢复到2009年以前水平。从省市情况来看，传统大省出口大幅回升，黑龙江、河北、四川增长迅猛。前五大省服装无论是出口金额还是出口数量，都呈现明显回升，广东省增幅最大出口金额和出口数量分别同比增加23.05%和8.13%。2011年我国累计完成服装及衣着附件出口1532.19亿美元，同比增长18.34%；出口数量为292.23亿件，同比下降1.10%，出口单价为430美元/件，同比提高20.11%。2011年，我国服装出口金额增长主要依靠涨价，出口产品结构调整也在悄然进行。2011年，出口金额增幅超过平均增幅的出口产品，平均出口单价为5.05美元/件套。平均出口数量和金额增幅分别为7.70%和31.77%；而出口金额增幅低于平均增幅的出口产品，平均单价则为4.01美元/件套。我国对拉丁美洲出口大幅增长，增幅达42.15%，占出口总额的5.52%，较

2010年同期增加0.93%。

　　这一时期，我国衣着类消费价格有所下降。2001年，服装零售价格比2000年下降1.5%。尽管在销售价格上有所下降，但服装销售数量有所增加。据统计，2001年全国重点大型百货商场服装类销售数量为14113万件，比上年同期增长19.4%。大型商场中，销售增幅较大的品种主要有防寒服、裘皮服装、女装、夹克、男西服和T恤。服装产品是常规产品，行业内低价竞争，技术创新不足，国内高档服装的设计、板型和面料很大程度上还需要依靠或者模仿国外技术。国内服装市场竞争激烈，商场降价，打折持续不断，已经打破淡季旺季之分。激烈竞争使服装产业结构变化，服装产业有向中部、西部、东北地区转移的苗头。同时，国际中高档服装生产能力向我国转移，国内品牌服装面临新挑战。2004年，行业呈现向中部地区梯度转移的趋势。江西、湖南成为服装产业转移的重要承接地。总部设计转移流向上海、北京、深圳、中山等地，向这些地区迁移的大多是资本运作成熟、具有一定规模和经济实力的品牌企业。上海和北京是服装企业打造国际化通路，而且两市均已将服装制造业列为都市时尚产业。服装产业升级过程中，大城市成为产业经济发展的引擎，城市与周边地区的协作分工成为服装产业发展的必然趋势。2003年服装行业在抗击"非典"的过程中，充分利用多年来与国外客户建立的长期稳定的商务关系和良好的信誉，改变交易方式，通过电子商务、网上传输下单，使常规服装产品和可以翻单的产品交易均能正常进行，这为服装产业信息化、智能化奠定了坚实的基础。

　　2008年，我国服装行业区域间产业资源流动明显。珠三角地区一部分产能正在向长三角地区及其他地区流动。长三角地区发展稳定，江苏省产业发展态势良好。中西部地区仍然保持着较好发展态势，江西、安徽、河南、河北、湖南等省均在困境中逆势而上，实现了较快的发展。中西部地区生产占全国比重依然比较低，中西部服装产业崛起仍需要一个较长过程。2009年后，服装行业两极分化情况进一步加剧。中小企业、承接二三手外销订单企业关停产现象比较普遍。而有限的外销订单进一步向优势企业集中。国内市场的品牌集中度进一步提高。二三线城市市场发展为优势品牌提供了良好的发展契机，但同时也进一步压缩了小品牌、新品牌的生存空间。2010年，我国纺织工业面临的国内外市场环境较2009年明显改善，国际市场逐步好转，内需市场持续旺盛，为我国纺织工业提供了较好的发展条件。但与此同时，原料价格上涨、人民币升值等一系列制约因素，也增加了行业发展的压力。

　　2001至2011年间，品牌战略不再单纯强调商品品牌打造，而是围绕具有市场竞争力的商品品牌，为构建立体、联动、功能互补的品牌生态系统，以商品品牌为核心，发展企业品牌，如品牌集团、产业链集团、加工品牌、服务品牌等各地区着力发展有特色、有专长的区域品牌。众多单品牌企业通过自主开发或整合收购等方式进入多品牌运营模式。

1.4　男装产业多元发展时期（2012~2021年）

2012年，中国纺织工业联合会发布了《建设纺织强国纲要2011～2020年》。根据党的十七届五中全会关于制定"十二五"规划的指导思想，纺织工业在新时期，特别强调必须加倍努力，以转变经济发展方式为主线，走新型工业化道路，加快结构调整，建设现代产业体系，实现由大变强。纺织工业要主动适应国内外形势的新变化，抢抓机遇，积极应对可以预见和难以预见的风险挑战，坚持扩大内需战略，顺应各族人民过上更好生活的新期待，适应中国工业化中后期科学发展的新要求，把握好在全球经济分工中的新定位，积极创造参与国际经济合作和竞争新优势，努力在2020年实现由世界纺织大国建成纺织强国的奋斗目标。2014年，是全面深化改革开局之年，我国经济向形态更高级、分工更复杂、结构更合理的阶段演化，经济发展进入新常态，正从高速增长转向中高速增长，经济发展方式正从规模速度型粗放增长转向质量效率型集约增长，经济结构正从增量扩能为主转向调整存量、做优增量并存的深度调整，经济发展动力正从传统增长点转向新的增长点。2016年提出"十三五"规划（2016～2020年）政策措施，包括优化市场发展环境、加大财税金融支持力度、进一步完善棉花调控政策、扩大产业用纺织品应用、加强人才保障、充分发挥行业协会作用、加强规划组织实施。2020年《中国制造2020》中提出要推动我国纺织服务业的信息化发展。同时，政府也支持我国服装企业进行品牌化发展与国际化发展，支持传统服装企业进一步转变原有的粗放式发展模式。为促进服装企业的品牌化发展，我国政府出台了《纺织工业调整和振兴规划》，该规划明确指出要推动服装企业的品牌化发展，将产品品牌打造作为企业未来发展的方向之一。

服装行业的良好发展离不开政策的指引与规范，"十五"期间，我国的服装政策主要偏向于推进名牌服装深加工。"十一五"时期的服装产业的重点在于着力打造自主品牌，提高质量，增加品种，满足多样化的需求。随着服装产业的进一步发展，"十二五"期间服装产业的重点转为强化环保和质量安全，提升工艺技术装备水平，加强企业品牌建设，从而加强企业影响力和竞争力。在数字经济背景下，"十三五"期间，服装产业重点在实施制造业重大技术改造和升级工程，实现重点领域向中高端的群体性突破。"十四五"期间，服装行业将开展中国品牌创建行动，保护发展中华老字号，提升自主品牌影响力和竞争力，率先在服装等消费品领域培育一批高端品牌。根据不同时期的国民经济发展规划的回顾，我国服装行业自"十五"时期至"十四五"时期的政策发展历程，可以发现我国服装行业经历了从代工到自有品牌生产、出口，再到绿色化、品质化、品牌化的发展路径，政策的不断演变反映了我国服装行业发展的良好势头与强劲动力。"十四五"时期，我国服装行业将围绕"绿色、时尚、科技"的发展方向继续前行，未来发展潜力巨大。

国家政策方面，《中华人民共和国国民经济和社会发展第十四个五年规划和2035年远景目标纲要》指出，"十四五"时期，开展中国品牌创建行动，保护发展中华老字号，提升自主品牌影响力和竞争力，率先在服装等消费品领域培育一批高端品牌。在这一政策引领下，服装行业提出自己的发展目标。《中国服装行业"十四五"发展指导意见和2035年远景目标》指出，"十四五"期间，规模以上服装企业工业增加值保持稳定增长，服装出口占全球市场份额保持基本稳定，服装行业增长方式加速从规模速度型向质量效益型转变。到"十四五"末，服装行业规模以上企业研究与试验发展经费投入强度达到1%，每万人有效发明专利拥有量达到25件，各大品类智能生产线建设不少于10条。品牌建设方面，服装产品质量不断提高，品牌文化内涵和影响力持续提升，品牌培育管理体系进一步完善，打造一批市场认可度高、美誉度好的知名品牌，重点培育3~5个具有全球时尚话语权的国际品牌，培育千亿级以上品牌价值产业集群。可持续发展方面，围绕产品生命周期，形成绿色设计、绿色生产、绿色营销、绿色消费的可持续发展生态，重点形成服装产业绿色制造体系，突破一批废旧服装回收利用关键共性技术，提升服装纤维循环利用水平。到2035年，在我国基本实现社会主义现代化国家时，我国服装行业要成为世界服装科技的主要驱动者、全球时尚的重要引领者、可持续发展的有力推进者。关键核心技术特别是数字化、网络化、智能化发展取得颠覆式突破，我国服装科技创新水平位列世界一流行列。构筑世界时尚话语权新高地，形成一批具有全球影响力，引领力和竞争力的知名品牌和产业集群，把中国服装行业建设成对全球有创造、有贡献、有推动的时尚强国。服装行业社会责任深入推进，可持续时尚发展体系初步建成（表1-3）。

表1-3　2021年服装产业相关国家政策

政策名称	主要内容	颁布时间	类型
纺织行业"十四五"发展纲要	2035年我国基本实现社会主义现代化国家时，我国纺织工业要成为世界纺织科技的主要驱动者、全球时尚的重要引领者、可持续发展的有力推进者。关键核心技术取得全面突破，我国处于国际纺织先进技术创新国家前列。与现代经济体系和人民更高品质的生活相匹配，纺织行业有效满足居民消费升级和产业转型升级的要求。形成一批对全球时尚发展具有引领力、创造力和贡献力的知名品牌，共同构筑全球时尚文化高地。纺织行业责任导向的绿色低碳循环体系基本建成，行业碳排放在达峰后稳中有降	2021年6月	服装行业核心指导类政策
纺织行业"十四五"绿色发展指导意见	深入贯彻落实纺织强国可持续发展战略，坚持履行环境责任导向，以绿色化改造为重点，以标准制度建设为保障，优化产业结构，加快构建绿色低碳循环发展体系，建立健全绿色发展长效机制，推动产业链高效、清洁、协同发展，为国内外消费市场提供更多优质绿色纺织产品，不断提升国际竞争力和影响力，引导绿色消费，推进纺织行业绿色低碳循环发展迈上新台阶	2021年6月	服装产业可持续发展指导政策
纺织行业"十四五"科技发展指导意见	深入实施创新驱动发展战略，面向世界科技前沿、国家重大需求、国民经济主战场和人民生命健康，以增强原始创新能力为核心，加强协同创新，把握行业科技创新发展的新态势，全面提升科技创新供给能力、质量和效率，推动纺织行业高质量发展	2021年6月	服装产业科技发展指导政策
中国服装行业"十四五"发展指导意见和2035年远景目标	全面落实创新、协调、绿色、开放、共享的新发展理念，深度融入"以国内大循环为主、国内国际双循环相互促进"的新发展格局，坚守产业"科技、时尚、绿色"新定位，以高质量发展为主题，以产业结构调整和数字化转型为主线，加快建设现代化产业经济体系，推进产业基础高级化和产业链现代化，提升行业文化创造力、科技创新力和绿色发展力，构建以中华优秀文化为基因脉络的时尚话语权，打造世界级服装品牌和产业集群，推进中国服装行业迈向世界产业链中高端，为我国实现制造强国、质量强国目标发挥重要作用。 2035年，在我国基本实现社会主义现代化国家时，我国服装行业要成为世界服装科技的主要驱动者、全球时尚的重要引领者、可持续发展的有力推进者。关键核心技术特别是数字化、网络化、智能化发展取得颠覆式突破，我国服装科技创新水平位列世界一流行列。构筑世界时尚话语权新高地，形成一批具有全球影响力、引领力和竞争力的知名品牌和产业集群，把中国服装行业建设成对全球有创造、有贡献、有推动的时尚强国。服装行业社会责任深入推进，可持续时尚发展体系初步建成	2021年10月	服装产业指导类政策

续表

政策名称	主要内容	颁布时间	类型
"十四五"信息化和工业化深度融合发展规划	到2025年，信息化和工业化在更广范围、更深程度、更高水平上实现融合发展，新一代信息技术向制造业各领域加速渗透，制造业数字化转型步伐明显加快，全国两化融合发展指数达到105，企业经营管理数字化普及率达80%，数字化研发设计工具普及率达85%，关键工序数控化率达68%，工业互联网平台普及率达45%	2021年11月	信息与纺织服装产业融合支持政策
"十四五"对外贸易高质量发展规划	认真落实党中央、国务院决策部署，立足新发展阶段，贯彻新发展理念，构建新发展格局，坚持稳中求进工作总基调，以深化供给侧结构性改革为主线，以推进贸易高质量发展为主题，以贸易创新发展为动力，统筹贸易发展与安全，推动高水平对外开放，加快培育参与国际经济合作和竞争新优势，开创开放、包容、普惠、平衡、共赢的国际贸易新局面，推动国内国际双循环互促共进，为开启全面建设社会主义现代化国家新征程和推动构建人类命运共同体做出新贡献	2021年11月	服装贸易支持政策
"十四五"数字经济发展规划	到2025年，数字经济核心产业增加值占国内生产总值比重达到10%，数据要素市场体系初步建立，产业数字化转型迈上新台阶，数字产业化水平显著提升，数字化公共服务更加普惠均等，数字经济治理体系更加完善。展望2035，力争形成统一公平、竞争有序、成熟完备的数字经济现代市场体系，数字经济发展水平位居世界前列	2021年12月	信息与纺织服装产业融合支持政策
"十四五"纺织非物质文化遗产工作行业性指导意见	坚持创造性转化、创新性发展理念，坚守中华文化立场、传承中华文化基因，紧密结合纺织非遗事业实践和特点，以保护和研究纺织非遗为工作基础，全力建设纺织传统工艺与时尚设计、现代科技、生产制造、渠道开拓、融合发展的创新传承链条和产业化、市场化运作体系，促进纺织非遗文化价值与经济价值的统一，有效助力乡村振兴和少数民族非遗传承发展，努力打造满足人们对传统文化精神与物质需求的纺织非遗品牌，为"科技、时尚、绿色"纺织强国和新时代行业新定位筑牢文化软实力根基，促进纺织非遗跨界融合和国际化发展，为建立中华优秀传统文化与传统工艺保护传承体系付出努力，为凝聚实现中华民族伟大复兴的强大精神力量做出贡献	2021年12月	服装产业与文化产业融合支持政策

（数据来源：中国男装高级定制研究中心整理）

地方政策而言，中国各省市也积极响应国家政策规划，对各省市服装行业的发展做出了具体规划，支持当地服装行业稳定发展。中国地大物博，东西部差异较大，在服装行业具有优势的地区，充分发挥优势产业，利用互联网技术实现服装产业与科学技术的融合发展，打造世界级服装品牌和产业集群。中西部地区充分发挥地区优势，增加产品附加值，形成产品的特色化、品牌化，形成具有特色并有一定区域竞争力的服装产业发展集群（表1-4）。

表1-4 各地区"十四五"期间服装产业发展政策及方向

地区	"十四五"期间服装产业发展目标	发展方向
北京	鼓励扶持自助设计服装发展	发挥服装产业传统优势，实现服装产业向时尚产业转型升级，向前端设计、后端营销延伸，实现技术融合，形成产业集群，形成国际竞争力
上海	强化时尚服装领域技术研发	
江苏	纺织服装由加工制造为主向研发、设计、营销延伸	
浙江	打造世界级现代纺织和服装集群	
广东	形成具有全球影响力和竞争力的现代轻工纺织产业集群	
山东	到2025年，纺织服装产业链全面升级	
福建	提升发展能级，做强现代纺织服装产业	
天津	建设一批国内领先纺织服装中心	承接东部产业转移，发挥地区优势，增加产品附加值，形成具有竞争力的纺织服装产业链
河北	推动纺织服装产业向设计、制造、品牌"三位一体"转型发展	
山西	重塑纺织服装产业发展新优势	
辽宁	推进辽宁西柳服装城国家市场采购贸易方式试点建设	
安徽	支持纺织服装行业工业互联网建设	
吉林	推进纺织服装产业定制化、品牌化、特色化、终端化	
湖北	进一步提升纺织服装出口产品附加值	
湖南	培育一批具有品牌优势、民族特色的服装企业	发挥地区特色优势，形成具有地区特色的服装产业集群
云南	形成纺织服装跨境电子商务产业集聚区和孵化基地	
河南	培育纺织服装千亿产业链	
内蒙古	鼓励特色服装企业生产	
广西	发展服装皮革千亿全产业链	
海南	鼓励利用黎族符号和黎锦纹样与服装结合	
宁夏	打造羊绒服装全产业链	

（数据来源：中国男装高级定制研究中心结合前瞻研究院政策数据整理）

从全球宏观趋势来看，自2012年以来，全球服装市场销售收入逐年上升，从2012年的13281.9亿美元增长到2020年的14600.6亿美元，增长了9.9%，整体增长相对较为缓慢。2019年由于受到新型冠状病毒肺炎疫情影响，服装市场受到较大冲击，市场收入出现了较大幅度的下降，下降幅度高达19%。在全球疫情严峻的形势下，各国采取的防疫措施对服装行业形成了较大的冲击。尽管在短期内，新型冠状病毒肺炎疫情对服装产业产生了较大的影响，但从长期来看，全球服装产业仍呈现平稳增长的趋势，据Statista估计，全球服装市场收入到2025年将达到22466.2亿美元（图1-4）。

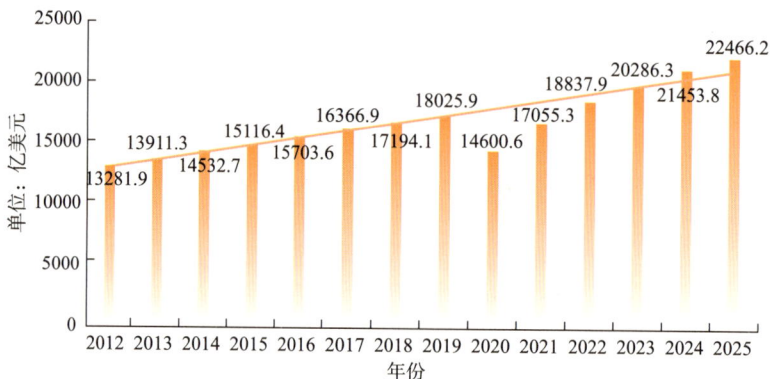

图1-4 全球服装市场收入

2020年在全球范围内，服装市场实现总收入1.5万亿美元收入。从服装产品结构来看，女装实现销售收入7710亿美元，占51%，是服装销售收入中最大的部分。紧随其后的是男装，实现销售收入4890亿美元。最小的部分是童装，其销售收入为2380亿美元。虽然男式服装仅占整体销售收入的33%，但其细分市场预计增长最快，预计2026年将增长到7050亿美元，2020年至2026年间将增长44%，其次是童装和女装，其预期增长分别为43%、42%（图1-5）。

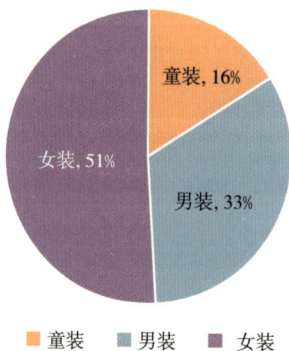

图1-5 2020年全球服装产品结构

从消费角度来看，服装的消费正转向新兴经济体，新兴经济体成为服装消费的主要动力。Statista全球消费者报告指出，土耳其、印度、俄罗斯、南非、巴西等新兴经济体国家的80%以上的消费者对服装产品和服务有兴趣。而在美国有75%的消费者对服装产品和服务有兴趣。中国消费者中有69%对服装产品及服务具有较强的消费倾向，然而，在日本仅有49%的消费者对服装产品及服务具有较强的消费意向。这说明，服装市场逐渐向东欧、东亚、南美、南非等新兴市场转移，这些新兴市场具有较强的消费潜力（图1-6）。

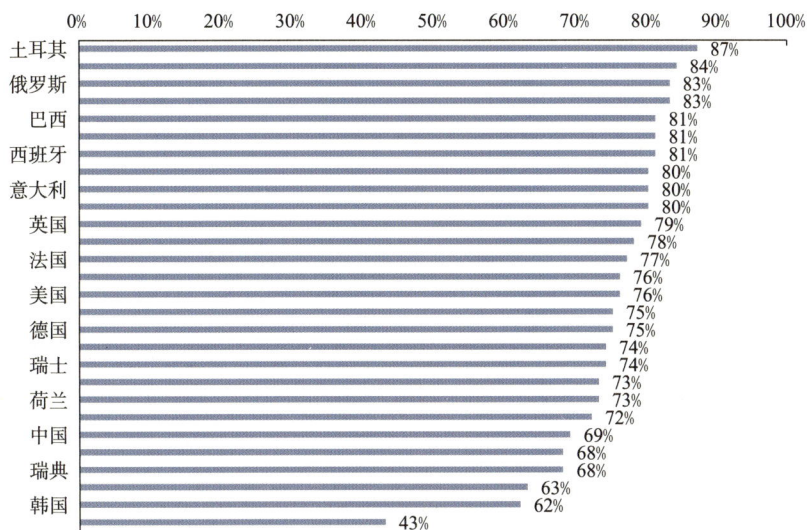

图1-6　全球消费者的服装消费倾向意愿调查

（数据来源：Statista Global Consumer Survey 2021.5 Which of these products and services are you interested in）

另外，非奢侈品类的时尚产品的销售自疫情以来逐年恢复，相较于2019年，2020年是非奢侈品销售最为低迷的一年，但随着疫情的常态化，预计2021年和2022年全球非奢侈类时尚产品相较2019年将会有5%~7%的增长，在这一市场上，低价对普通消费者仍然具有较强的吸引力（图1-7）。

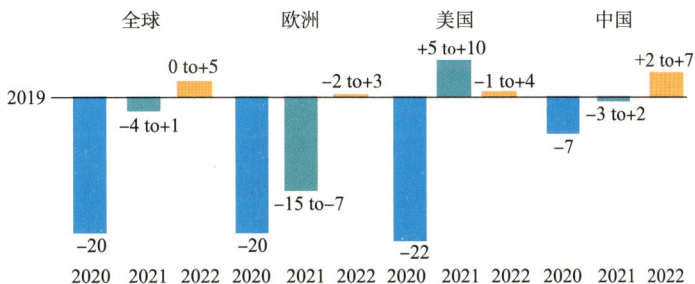

图1-7　非时尚类产品销售额增长率

（数据来源：麦肯锡时尚报告）

　　从全球供应链角度来看，中国是仍是最大的服装出口国，2019年中国服装出口价值位居第一，出口1516亿美元。欧盟出口1356亿美元服装，位居第二。其次为孟加拉国、越南、印度。自2000年以来，逐年上升，但随着中国服装产品成本的逐渐增加，更多的品牌方选择劳动力成本更低的孟加拉国、越南、印度等东南亚国家进口服装产品。特别是孟加拉国和越南，服装出口有了较大幅度的增长，市场份额从分别从2010年的4.2%和2.9%增加到了2019年的6.8%和6.2%（图1-8）。

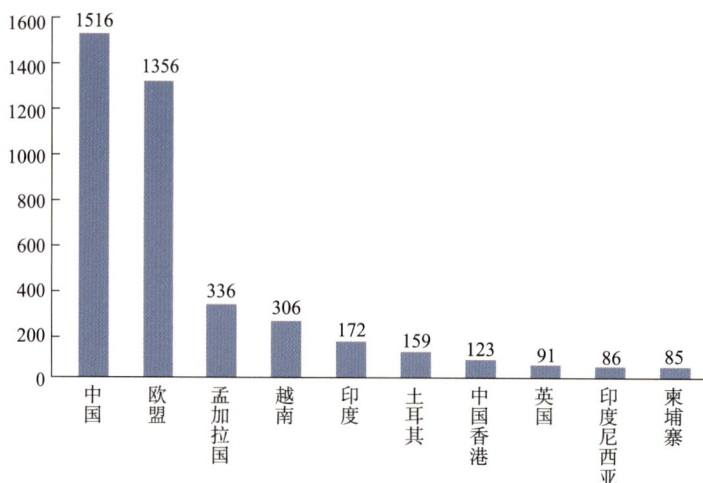

图1-8　全球服装出口国出口额

　　中国虽然仍是最重要的采购国，但已被其他亚洲国家抢占先机，这主要是由于中国国内劳动力成本、土地价格等生产要素的上升造成的。数据显示，中国的服装产品生产成本虽然远远低于德国和美国等发达国家，但是，劳动力成本已经从2002年的0.6美元/小时增长到4.8美元/每小时，增长了8倍。与东南亚国家相比，中国在劳动力成本上并不占优势，但是，中国产品的质量、供应链反应速度仍具有较强的优势（图1-9）。

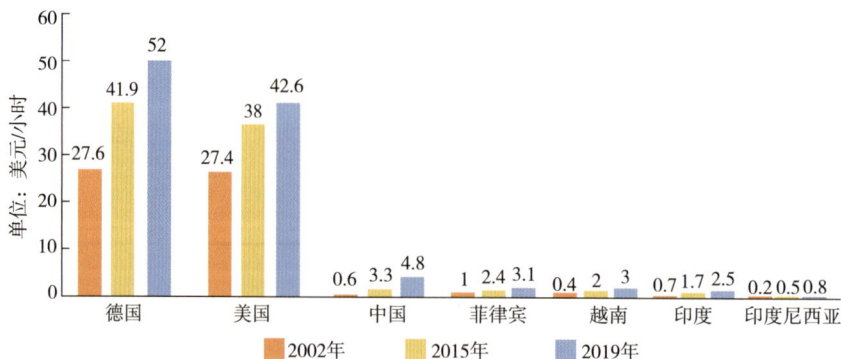

图1-9　服装产品每小时劳动力成本

从供给端来看，近5年来，中国服装行业企业数量整体有所下降。截至2021年9月，中国服装行业现存企业有12557家，相比2020年末减少了743家。与此同时，服装产量整体有所下降，2015年中国服装产量为308.3亿件，2016年增长为341.5亿件，但随后，服装产量逐年下降，2019年略有回升，增长到244.7亿件。受全球新冠肺炎疫情的影响，服装产量2020年降为223.7亿件。2020年，服装行业规模以上企业累计完成服装产量223.73亿件，同比下降7.65%（图1-10）。

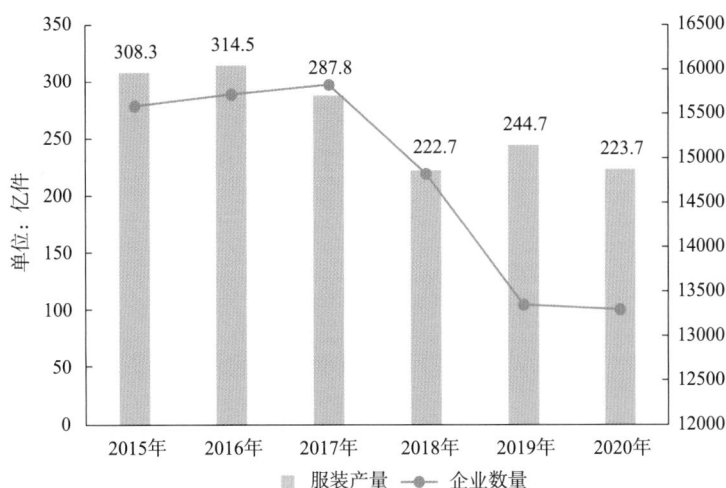

图1-10 中国服装产量及企业数量

（数据来源：国家统计局）

与此同时，由于服装行业的转型升级，产业规模逐渐下降，特别是2020年，受新冠肺炎疫情的影响，规模以上企业利润下降到640.4亿元，相较于2019年下降了26.6%（图1-11）。

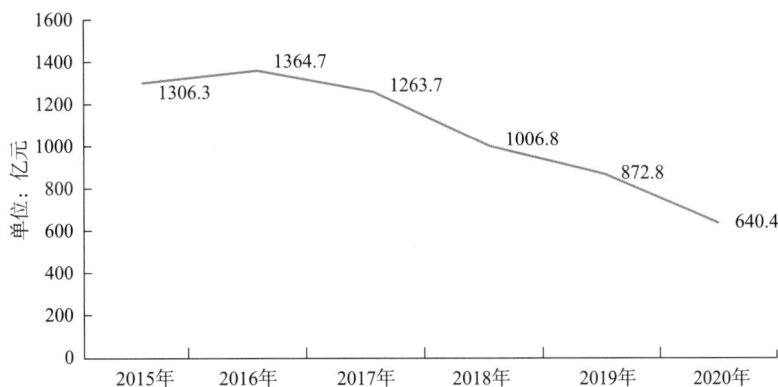

图1-11 中国规模以上服装生产企业利润

（数据来源：国家统计局）

从需求端来看，随着消费升级，服装由单一的遮体避寒功能转变为体现消费者个性、形象、审美的功能，因此，服装消费由温饱型消费需求转变为潮流消费。从服装零售额来看，2014～2019年，零售销售额由16228亿元增长到21854亿元，平均增长率为6.12%（图1-12）。

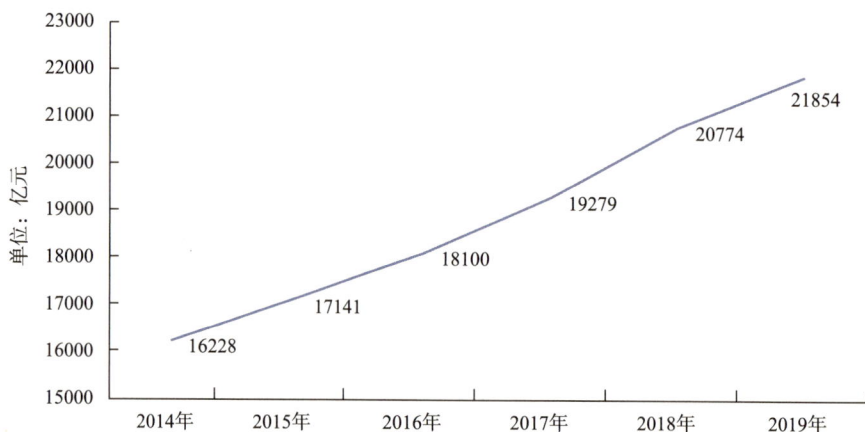

图1-12 中国服装零售销售额
（数据来源：Euromonitor）

从零售渠道来看，网络零售是服装零售渠道的主要形式，占2019年服装采购渠道主要是网络零售，占比为34.3%。其次，为百货商店、服装零售商店、休闲和个人用品零售商店，占比分别为26.3%、20.7%和12.2%（图1-13）。

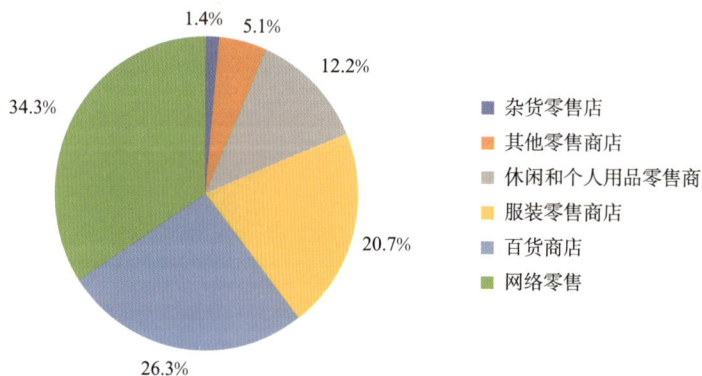

图1-13 中国服装零售主要渠道
（数据来源：Euromonitor）

随着纺织服装产业数字化、信息化的推进，数字经济的逐步发展，服装产品的线上销售额逐年增加。2011年线上销售额仅为0.22万亿元，2016年增长到0.99万亿元，此后，纺织服装产品的线上销售大幅增长，2019年增长到1.67万亿元。截至2020年年底，纺织服装产品线上销售额达到则1.8万亿元（图1-14）。

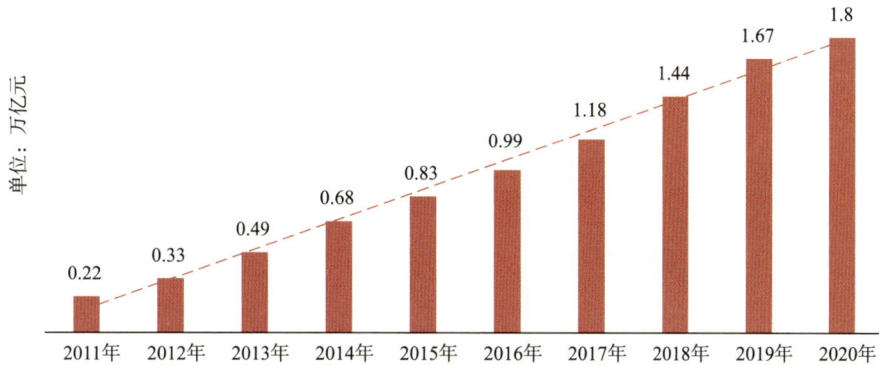

图1-14 中国纺织服装电子商务零售销售额
（数据来源：中国纺织工业联合会）

2015年服装网购市场规模为8590亿元，此后，服装网购市场规模逐年增加，2020年达到30290亿元，较2019年增长了22.7%。一方面，是由于中国网购整体规模的增加，另一方面，由于受新冠肺炎疫情的影响，线下零售转为线上零售，使2020年服装网购规模呈现出较大幅度的增长（图1-15）。

图1-15 服装网购市场规模
（数据来源：eMarketer）

阿里巴巴仍然是全球最大的电子商务公司，但2020年中国电子商务市场的份额首次跌破50%。拼多多（PDD）和京东的增长速度要快得多。eMarketer预测，2021年拼多多将占据13.2%的份额，京东将占据16.9%的份额，"三巨头"将占据77.2%的市场份额。除了传统的购物平台外，社交媒体是服装零售的新渠道，小红书、微信、抖音等社交媒体在服装零售渠道将占据更为重要的作用。相比美国，中国的社交媒体形成的产品交易量高出美国10倍，具有较大的市场潜力（图1-16）。

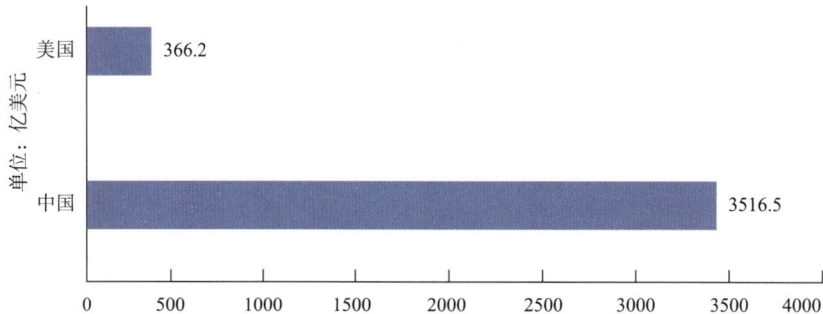

图1-16　中美社交商务成交额对比

（数据来源：eMarketer）

与此同时，直播的零售量也逐年增长，2019年中国直播交易为1.344亿人，2020年指标交易额高达2.458亿人，增长幅度高达82.8%。根据eMarketer预测，随着直播网民人数的增幅降低，通过直播购买的消费者增幅也将逐渐降低，预计到2025年，将仅有2.6%的增幅（图1-17）。

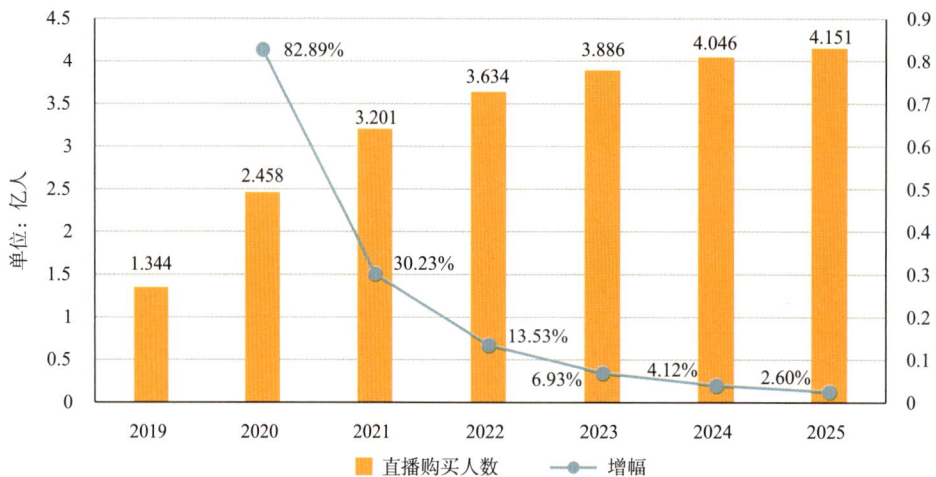

图1-17　直播购买人数

（数据来源：eMarketer）

从下沉市场来看，与城镇居民相比，农村居民收入增长更快，随着国家乡村振兴战略、扩大内需政策持续推进，农村居民消费能力持续增强，成为农村电商下沉的重点领域。服装服饰作为农村网络零售市场主要品类，在拼多多、乐村淘等电商平台的大力推动下，服装服饰网络零售额继续保持快速增长态势。商务大数据监测显示，

2020年全国农村网络零售额达1.79万亿元，较上年增长了5.2%（图1-18）。

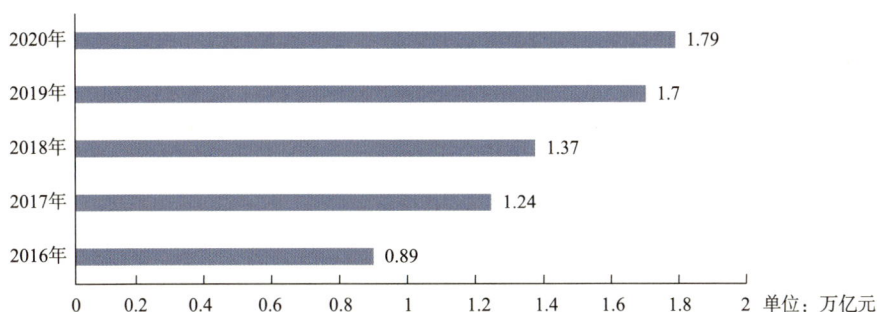

图1-18 农村网络零售额

（数据来源：商务部、中商产业研究院）

中国历来是服装出口大国，自2000年以来，中国在全球服装市场中的地位逐年增加，2000年中国全球服装出口额中仅占比18.2%，到2010年，这一比例高达36.6%。但随着中国服装产业的发展国产品牌的建立以及纺织服装产业向东南亚地区的转移，中国服装进出口额在全球市场占比略有下降，中国出口额占比为30.8%。2020年，中国服装产品市场份额略有上升，占比为31.6%。与此同时，2020年，中国占全球服装进口额的1.9%，相比2000年的0.6%有所上升，中国是当年全球最大的服装出口国（图1-19）。

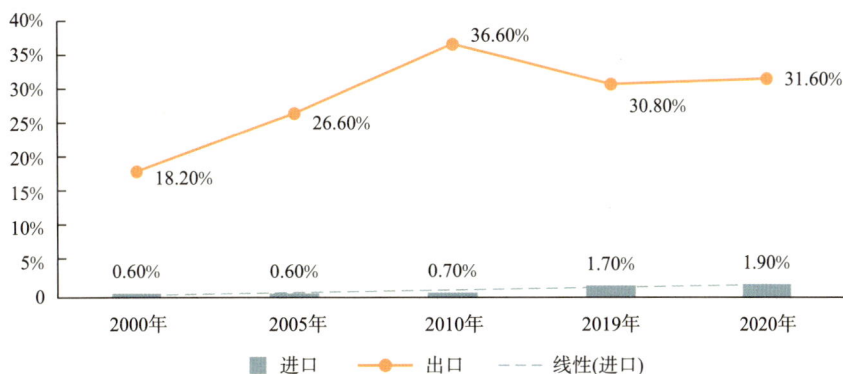

图1-19 中国服装进出口全球服装市场份额

（数据来源：WTO）

从进口服装的品种来看，女装（包括女式套装、运动上衣、裙子和连衣裙）进口总值最大，达到10.5亿美元。男装进口值略低于女装，2020年中国男式套装、运动夹克、长裤和短裤进口额为7.121亿美元，男式大衣、夹克、斗篷和披风出口额为6.165亿美元，男式衬衫出口额为2.178亿美元，男式背心、内衣裤和睡衣出口额为0.06亿美元（图1-20）。

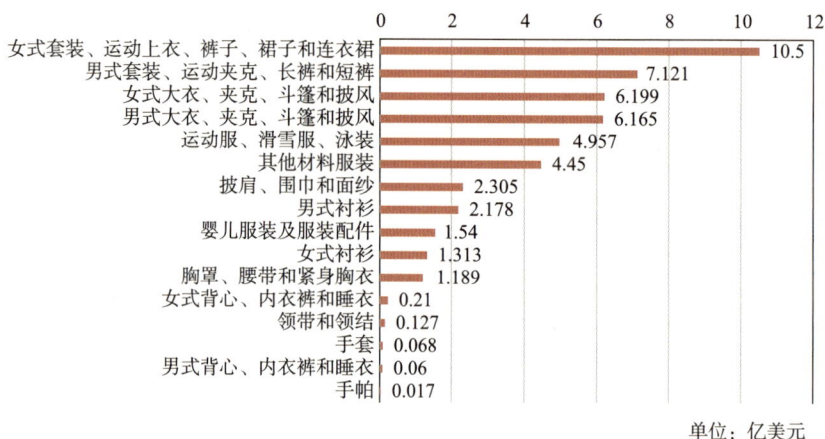

图1-20　2020年中国指定服装的进口值
（数据来源：WTO）

　　2012～2016年是国内男装企业发展的滑坡较为严重的时期，国内男装企业的关店数量也再创新高。2012年年底，温州高端男装品牌庄吉，因为造了"温州最大的船"陷入债务危机，差点倒闭，最终温州市政府不得不找来山东如意集团，对其服装业务进行了拆分重组使其得以存活。根据《中国纺织报》数据显示，2013年上半年，七匹狼关店152家。"男裤专家"九牧王穿上了T恤、衬衫、西服，但业绩却并没有迎来换装，2013年上半年甚至出现了上市以来营业收入和净利润的首次"双下滑"，全年净关店140家。报喜鸟旗下包括报喜鸟、圣捷罗、比路特、HAZZYS等七大品牌。在上半年主品牌报喜鸟收入下滑的情况下，子品牌HAZZYS收入高速增长至1.4亿元，超过该品牌2012年全年营收，收入占比也提升至16%。此外，法兰诗顿、欧爵等副品牌也均有增长，拉动主营业务同比微增3.1%。根据《中国纺织报》显示，2014年上半年，卡奴迪路关闭门面店53家，希努尔关闭46家，七匹狼关闭了347家，九牧王全年净关店100家左右。其中，九牧王亏损严重，在2015年门店总数为2792家，较2014年的2945家减少了153家。而大杨创世的门店截至今年3月底总数为44家，一季度净关店5家，主要是因为商场撤销或经营管理不善产生亏损而关闭。

　　虽然企业大环境形势不好，但各品牌企业在其品牌运作方面也采取了系列措施。以报喜鸟为例，自2012年起打造的"凤凰尚品"品牌集成店，不但集合了报喜鸟的自主品牌、代理品牌，还有IFIF、FINITY等国内外服饰品牌入驻，并在全国开出近300家集成大店。近年来，报喜鸟在供给侧结构性改革、中国制造2025等国家大政方针的指引下，在各级党委政府领导的关怀指导下，紧紧围绕大规模、个性化定制的两大目标，推进"两化"深度融合，推进网络化、数字化、智能化等技术在制造和营销领域的开发利用，从企业战略、组织、研发、管理、生产、营销、品牌全方位融合互联网进行创新。2015年，联合阿里巴巴推出C2B全品类私人定制业务，抢占高端个性化定制业务市场空间。同时，为更好地开展O2O业务，上线了hybris系统，并以此系统为基础，打通微信端、公司网站、APP及第三方平台和门店的无缝衔接。2016年报喜鸟联合SAP软件厂商发布名为"云翼互联"的智能化生产项目，推出服装行业首个云体系架构——"一体两翼、云翼互联"。云翼智能平台包括一体两翼，以MTM智能制造透明云工厂为主体，以私享云定制平台和分享云大数据平台为两翼，实现从传统制造向智能制造的成功转型。2015年入选工信部100家互联网与工业融合创新试点企业，2016年列入中华人民共和国工业和信息化部智能制造试点示范企业。云翼智能平台主要为全球私人订制店及个人提供全方位、一站式私人定制服务，充分满足了消费者个性化、时尚化的需求。

七匹狼于2021年8月18日发布"七匹狼品牌战略发布会"，与新华社"中国名牌时尚战略合作"正式签约，邀请亚洲飞人苏炳添为品牌最新代言人，提高品牌知名度。

2 男装产业规模及布局

男装产业经过40余年的发展，形成了较为稳定的市场，近年来，在整体消费增速放缓的大环境下，依然保持了较为平稳的增长。中国男装产业具备了一定的规模，形成了独具特色的产业集群，男装成衣工艺技术有了大幅提高，男装企业运营的专业化水平和国际化程度明显提高。中国男装产业已经形成了包括以江浙沪地区的上海、宁波、温州为代表的长三角地区男装产业集群；以晋江、石狮为代表的闽东南男装产业集群，以及借助港、澳等海外优势而独立成长的珠三角男装产业集群。

2.1 男装产业集群地概况

20世纪80年代，服装商品打破了地产地销为主的经营模式。"大中城市商业服装经济协作会"和"大中城市服装零售企业经济联合会"通过经验交流，互通信息，业务交往，已经形成松散或半紧密的自愿、平等、互利、互惠的联合组织。中外合资及外资企业也开始快速发展，服装科研力量加强，引进了很多技术设备，如上海、北京、天津、山东、大连等服装工业系统拥有的服装进口设备占设备总数的60%～70%，中国男装产业处于初始发展时期❶。20世纪90年代，服装产地由遍地开花到趋向集中，集中在沿海和服装集散基地周围。国内男装市场呈多元化、多渠道销售特征，大型批发市场发挥着越来越重要的作用，成为男装产品的主要集散地，男装生产不再只是个体企业经营。近20年，男装产业集群的特征愈发明显，产业集群已成为男装行业新型社会化生产方式的重要组成部分，充分体现我国男装产业的整体制造水平、科技应用水平和产业竞争力水平。经过不断的发展，目前逐渐形成了六大男装产业集群地，分别是京津冀产业集群地、辽中南产业集群地、山东半岛产业集群地、长三角产业集群地、

---

❶《中国纺织工业年鉴》编辑委员会.中国纺织工业年鉴1993［M］.北京：中国纺织出版社，1993.

珠三角产业集群地、闽东南产业集群地（表1-5）。

表1-5 我国男装产业集群地南北分布

地区	产业集群地	代表城市
北方	京津冀产业集群地	北京、天津、河北
	辽中南产业集群地	大连
	山东半岛产业集群地	青岛、即墨、淄博
南方	长三角产业集群地	浙江宁波、温州；江苏常熟
	闽东南产业集群地	福建泉州石狮
	珠三角产业集群地	广东惠州、深圳

2.2 男装产业集群细分

2.2.1 京津冀产业集群

京津冀地区的男装产业集群包括北京、天津、河北地区。其中，北京是中国男装产业研发和服装贸易集散销售的重要地区，天津和河北则依靠其独特的产业优势成为京津冀男装产业集群中的生产主体。

北京作为首都，是政治、文化和国际交往的中心，具有发展男装产业的独特优势。1986年中国服装研究设计中心在北京建立了"服装功能"研究分中心，初步形成了服装科研设计信息体系，并首次发布"春夏季服装流行趋势"。1991年中国服装协会在北京成立。1993年首届中国国际服装服饰博览会在北京国际展览中心举行，同年纺织部在北京举行"服装与名牌新闻发布会"。1994年北京衬衫厂的"坦博"牌高级男衬衫被中国服装协会推荐为中华精品衬衫。1995年中华男装专业委员会在北京成立。1996年中服名牌发展有限公司在北京成立❶。由此可见，北京地区具备强有力的男装研发实力。除了进行男装产业的研究工作，北京地区也有比较出名的"六个服装产业园区"分别是平谷、延庆、密云、大兴、通州、顺义。大兴有众多服装公司和加工厂，其中，大兴轻纺服装产业基地——北京轻纺服装产业基地位具有代表性，产业基地初期定位为轻纺企业为主，逐步引进一批高新企业。平谷区的服装行业拥有上百家企业，主要生产西装、夹克等多种系列产品，产品出口日本、美国、德国等20多个国家。密云地区

❶《中国纺织工业年鉴》编辑委员会.中国纺织工业年鉴1993［M］.北京：中国纺织出版社，1993.

纺织服装业起步较早，有一定基础。北京地区具有强大的市场空间，作为北方地区的消费中心，北京的商贸中心地位已基本确立，形成了一批中高档男装商场、专卖店和超市在内的服装零售体系，几个大型的服装批发市场已经成为北方地区重要的服装集散地。例如，通州国际新城服装产业示范区"中服国际贸易中心"即是北京地区的重要服装贸易集散地。北京大红门服装服饰创意产业集聚区是北京地区服装特色商业圈和新兴商业中心，也是中国长江以北地区最大的服装纺织品批发集散地。

天津以其浓厚的服装制造历史积淀，成为京津冀地区男装的生产主体。1987年天津津达制衣有限公司成立，这是中国第一家生产西装系列产品达到国际水平的制衣企业，在国内外享有较高声誉，也成为中国最早生产和销售皮尔·卡丹男正装系列产品的公司。1994年，天津市津达制衣有限公司进入行业八强。其公司所生产皮尔·卡丹品牌男正装系列产品，主要包括各类高档男西装、商务休闲装、大衣、半大衣、风衣、夹克和西裤等，延承着古典主义的伟大先人对坚持追求质量的原则，也是众多世界知名品牌的加工基地，如Armani、CK、Reporter等，形成了"商业技术中心在市区，工业生产在滨海新区"的现代化格局。

河北容城县在过去的40年形成了北方最大服装产业集聚区。雄安新区的容城服装业起步于1979年，改革开放以后，始终呈现出蓬勃发展的良好势头，从单一的裤子加工生产到万人裤子大军闯市场；从个人投资建厂、联合办厂到股份制企业、合资企业的形成，逐步发展成为县域特色支柱产业。特别是"十五"期间，服装行业"二次创业"取得显著成效，容城县服装产业进入了一个崭新发展阶段。2002年，容城服装产业被河北省政府命名为"十大特色产业"，2006年12月，容城被中国纺织工业联合会和中国服装协会命名为"中国男装名城"和全国纺织产业集群试点，成为闻名全国的北方服装名城和服装出口基地，与浙江义乌、诸暨并称全国三大衬衫生产基地，行业内素有"南石狮、北容城"之誉，具有业内独特的产业优势，是中国北方极具影响力的服装产业集群❶。

在京津冀产业集群地中产生了几个著名的男装品牌，例如，拥有四百年家族制衣史的"隆庆祥"，1956年创立的"红都"，1986年创立的"顺美"和1994年创立的"威可多"（图1-21）。

---

❶ 刘文硕. 容城男装的"官方支点"［N］. 中国纺织报，2006-04-26.

图1-21 京津冀地区男装品牌

2.2.2 辽中南产业集群

辽中南地区主要是指位于辽宁省中部和南部，彼此距离很近，经济、科学、文化与交通等联系十分密切，经济高度发达的城镇密集区。在此基本形成了"一带一群"的产业布局体系，其中大连是以服装、纺织、机械、物流等产业为主的综合性工业城市，既是男装的生产中心，也是贸易中心。在服装大规模交易市场中，北方辽宁海城西柳服装批发市场曾一度成为国内服装销售的主渠道。

1986年，中国服装研究设计中心在大连建立了"男西服"研究分中心。大连九星制衣有限公司始建于1980年，是通过补偿贸易的形式发展起来的东北地区最具实力的服装专业厂。公司有大型封闭生产车间和服装设计中心，有专业设计人员和专业技术工人，有从日本、德国引进的世界上先进的专业服装设备及辅助服装设计、排版、放缩系统。"九星牌"男西服在市场上形成了自己独特的风格，1990年在全国男西服同行业中荣获第二名，1994年获"中国十大名牌西装"称号，多次在全国西服检测活动中获优等品。另一个著名的男装企业是大连大杨集团有限责任公司，其创建于1979年，是中国最具竞争实力的国际化服装企业之一。大杨集团采用西装单裁定制的工艺，独具特色（图1-22）。集团产品畅销美国、加拿大、荷兰、英国、德国、意大利、日本、韩国、澳大利亚等20多个国家和地区，并享有很高盛誉，年西服出口量全国排名第一。其中，西装单裁定制生产能力更是高达100万套，超级产能与顶级品质深受众多大品牌信赖。除了九星和大杨，辽中南地区著名的男装品牌还有泽华、万代、多特、松叶等（图1-23）。

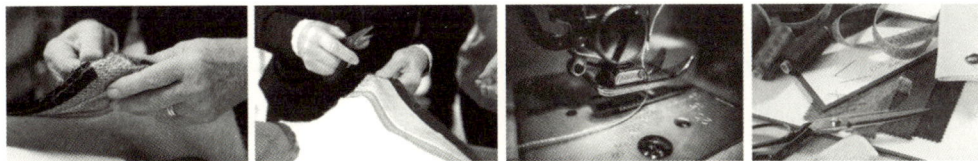

图1-22 大杨集团有限责任公司西装单裁定制工艺

图 1-23　辽中南地区男装品牌

2.2.3　山东半岛产业集群

山东半岛地区的男装产业发展依托青岛、即墨、淄博等地形成了相应的产业集群，其中青岛是山东半岛地区的男装生产主体，即墨和淄博则主要担任男装销售和贸易的角色。

青岛地区的纺织业在工业体系形成最早，从业人员最多，历史贡献最大，被誉为青岛的"母亲工业"。青岛纺织工业的百年发展，见证了这座城市的历史进程，深厚的纺织工业基础也成为青岛城市男装产业发展的底气。此外，青岛具备基础雄厚的市场优势，中国服装十大市场之一的即墨服装市场，拥有独特的产地优势，为青岛男装产业园打造产地商业、休闲商业、文化商业等提供了无与伦比的市场竞争优势。1984年山东服装体制改革，在全省范围内实行全行业归口管理和实行"生产纳入计划，面料实行直供，销售厂店挂钩"的产供销体制改革，起到了模范带头作用，许多企业效仿山东。与此同时，随着中外合资及外资企业的快速发展，服装科研力量加强，山东服装工业系统大量引进服装进口设备，为其男装的生产提供支撑。1993年服装大规模交易市场中，山东淄博淄川服装城达到26.0亿元，山东青岛市即墨区服装批发市场达到15.8亿元，成为国内服装销售的主渠道❶。2004年，中国纺织工业协会授予山东诸城市"中国男装名城"称号。纺织服装工业为诸城的主导产业，除生产纱、布外，主要生产各种梭、针织服装，其中梭织服装以男式西服、衬衫为主，针织服装以男式内、外衣为主。涌现出了"新郎""桑莎""昊宝""帅领""鲁一"等一批国内外知名品牌企业（图1-24）。其中，新郎希努尔集团创始于1992年，主导产品为中高档西服、衬衣及各类服饰产品，在中国纺织工业协会公布的2008～2009年中国纺织服装企业竞争力500强中名列第8位；在2008～2009年中国服装行业竞争力10强中名列第4位。其产品被评为"山东省著名商标""山东名牌产品""山东省质量免检产品"，另外山东新郎希努尔服饰有限公司的男装西装系列产品获"国际标准产品标志证书""国家权威检验合格产品"等荣誉称号。山东半岛地区凭借着其极佳的地理位置，交通便利，作为与日韩地区距离最近的地区，是环渤海地区经济带外资投放的重要地区，为其男装产业的发展提供了有利的发展条件。

---

❶《中国纺织工业年鉴》编辑委员会.中国纺织工业年鉴1993［M］.北京：中国纺织出版社，1993.

图1-24　山东半岛地区男装品牌

2.2.4　长三角产业集群

改革开放以来，中国沿海经济迅速发展，在区域经济一体化的推动下，在长三角地区城市群中男装产业已经形成集群化。首先是浙江宁波、温州男装产业集群，该地区的男装产业以衬衫、西服著名品牌向商务、白领休闲方向发展。宁波拥有全国最大的西服和衬衫品牌企业，是国内最具规模的男装集聚地之一。宁波凭借着"红帮裁缝"的历史积淀，创造了中国男装的数个"第一"。例如，第一件中山装、第一套西装、第一件西装等，具有悠久的男装商业服装传统。20世纪70年代末，乘借着改革开放的东风，一批服装企业开始起步。进入80年代末以后，宁波服装产业进入品牌创立阶段，杉杉、罗蒙、雅戈尔、培罗成、洛兹等一批品牌创立，男装服装产业进入了快速发展阶段。以罗蒙和雅戈尔为例，罗蒙于1978年创立，其品牌在1978～1990年主要解决的问题是产品质量问题，实现企业的资本积累，用产品打开了自己的销路，使品牌得到社会的认可。雅戈尔于1979年创立，是宁波地区非常著名的男装品牌，2015年一度创下男西装销售第一。据中国商业联合会监测数据显示，全国重点大型零售企业男西装销售量为1491万件，从全国的品牌综合占有率来看，雅戈尔三项指标稳居第一，杉杉位居第二（表1-6）。由此可见，宁波地区的男装具有强大的实力。

表1-6　2015年全国重点大型零售企业各品牌男西装市场综合占有率

位次	品牌	全国市场综合占有率（%）	位次	品牌	全国市场综合占有率（%）
1	雅戈尔	5.98	6	沙驰	1.66
2	杉杉	2.19	7	罗蒙	1.59
3	金利来	2.18	8	威可多	1.54
4	九牧王	1.97	9	花花公子	1.38
5	报喜鸟	1.96	10	皮尔·卡丹	1.3

（数据来源：《中国男装产业发展报告2016》）

据前瞻研究院数据显示，2019年，宁波市纺织服装的注册商标总数达到3000多个，规模以上企业服装产量位居浙江省服装产量榜首，占浙江省规模以上企业服装生产总量33%以上。2020年宁波市纺织服装服饰业实现规上工业产值651.6亿元，时尚服装服饰工业产值约为293亿元。到2025年，力争规上工业总产值突破928亿元，时尚服装服饰工业产值达到560亿元。未来，宁波市将打造"一核两带"产业空间格局，重点发展时尚服装服饰产品，深耕高新家纺产品，创新终端渠道模式，推动高端定制、柔性化规模化定制快速发展，进一步提升男装、针织毛衫、家居服饰生产和出口优势，重点培育一批出口名品骨干企业，加快打造东部新城时尚创意中心，支持企业以互联网思维创新渠道模式与营销服务，拓展市场销售渠道，促进时尚纺织服装产业底层逻辑、制作工艺流程与物联网、大数据等数字智能的深度融合，引导传统服装产业向时尚产业转型升级。温州男装与宁波男装相比，没有源远流长的历史。改革开放后，温州人凭借着天性敏锐的商业头脑，抓住机遇，通过大量的家庭式服装生产作坊进行来料加工，短时间内使服装制造业开始发展起来。传统的温州服装业以西装、正装为中心，近年来开始向时尚休闲的方向转化。作为温州服装主要生产基地，瓯海区2019年规模上工业服装总产值近200亿元，占全市服装产业份额6成以上。2021年，温州市政府以《温州市服装产业改造提升2021年工作方案》为指导，以时尚化、个性化、精品化为主攻方向，通过推行全行业智能化改造和数字化提升、线上线下全产业链打造，统筹推进服装产业批量化生产与个性化定制协同发展。在企业设计创新、推进数字化改造、品牌质量建设、促进产业集群化、加强技术人才引育等方面给予政策支持，促进服装产业数字化智能化转型。

长三角地区第二大集群则是江苏常熟男装产业集群。江苏常熟是国内具有一定代表性的重点男装产业集群，常熟的羽绒服、休闲装、经编等行业在全国市场占有率名列前茅。古里镇、梅李镇、沙家浜镇、辛庄镇、支塘镇等8个镇被命名为中国纺织服装产业集群名镇。常熟服装城是全国规模最大的服装服饰专业流通市场，辖内35个专业市场、3万多个店铺，近10万经营户，2020年交易额1604亿元❶。早在20世纪80年代，以服装销售为特色的常熟招商城正式组建，下设了男装中心专业市场。20世纪90年代，随着服装品牌的丰富，涌现了波司登等知名企业，逐渐形成休闲男装和羽绒服的产业优势。其中，定位高端、立足都市的阿仕顿男装品牌创立于2003年，该品牌自创立之初就一直专注于SPA（即自有品牌服装专业零售商）模式，它的发展历程也成为常熟服装产业自主品牌转型升级的一个缩影。目前，常熟已经形成了较为完整的纺织服装产业链，随着产业数字化的推动，常熟也开始了数字化转型道路，政府通过设立改

---

❶《中国纺织工业年鉴》编辑委员会.中国纺织工业年鉴1993［M］.北京：中国纺织出版社，1993.

造贴息奖励资金，鼓励中小企业上云、支持智能化改造和数字化转型平台等方式，招引集聚各类产业互联网企业，衔接联动物流枢纽和数字贸易港，使数字经济成为推动传统纺织服装产业转型升级的新动能。长三角地区涌现出一大批知名的男装品牌，如杉杉、罗蒙、雅戈尔、劲霸、报喜鸟、培罗成、红豆等（图1-25）。

图1-25　长三角地区男装品牌

2.2.5　闽东南产业集群

闽东南地区的男装产业集群在中国男装产业发展中占有重要地位，最著名的是福建石狮男装产业集群，石狮位于福建省东南沿海。1987年12月，经国务院批准，从晋江市析出石狮镇、永宁镇、蚶江镇、祥芝乡建立石狮市，为省辖县级市，并作为福建省改革开放综合试验区。早期的石狮人由于自然资源所限，为生计漂洋过海，背井离乡，外出海外的石狮侨胞与家乡的长期交往，不仅把海外先进观念、意识带回了故里，同时，随着海关政策的放宽，海外的服装、布料等物资也纷纷寄回到石狮，大量"洋服"涌入使石狮形成了全国的著名的洋货市场。随着需求量的增长，仿制洋服开始占据市场，石狮服装男装产业逐渐形成。石狮男装业从小到大、由弱变强、从粗放式到精细化，可以说是中国服装产业发展的典型缩影，凭借爱拼敢赢的闽南创业精神，石狮男装业不断调整自身，去粗存精，完成了从简单的加工制造到系统的精细化创造的蜕变。目前，石狮男装业已经形成了强大的产业集群，其中以利郎、柒牌、九牧王、虎都、劲霸、七匹狼为代表的石狮男装企业已经成为这个产业的龙头老大，他们将带领石狮男装业在新的历史时期创造更大的辉煌，同时，他们又以各自的特色引领着中国服装产业迈向国际化。

20世纪90年代，在服装品牌战略的推进下，利郎、九牧王、七匹狼、柒牌、帝牌等男装品牌快速涌现和崛起，形成了较强的竞争优势（图1-26）。在这批领军企业的带动下，石狮的休闲男装企业开始了一次以专卖事业的普遍推广为代表的品牌塑造、营销战略革命，从而续写了石狮服装发展史的新篇章。石狮男装业能够在十几年的时间里快速成长，产品的创新起着决定性的作用，而实现产品创新的直接动力来自国外先进设备的供血功能。20世纪90年代，随着经济热潮的掀起，国内消费市场对职业装、正装的需求大增，"柒牌"凭借其先进设备大规模挺进职业装市场，力推西服产品，迅速扩大市场销售网络，获得了丰厚的回报。目前，柒牌制衣过程的数字化、自动化水平走在国内制衣行业的前沿，同步于当今世界制衣业的最高水准。而利郎也通过细分市场，首倡商务男装概念，不仅帮助企业走出困境，更为泉州男装业注入发展新鲜的血液，通过严密的市场调查和咨询公司的碰撞之后，提出了"商务休闲服装"的品牌定位与概念，并且通过有针对性地传播，迅速打开局面，营业额连年翻番，2005年的年销售额已经是比1997年增长了10倍，一跃成为中国服装行业的一流品牌❶。在利郎的商务男装成功后，许多企业开始跟风，陆续推出"商务夹克"等。泉州男装业的创新步伐还在加快，目前泉州男装业已经形成了以商务、休闲、正装、夹克、西裤等为代表的产品结构，产业升级步伐逐年递增中。纺织服装产业是石狮最大的支柱产业，经过三十多年的精心培育，石狮已形成一条完整的纺织服装产业链，涵盖纺织原料、纺纱织布、漂染整理、成衣加工、辅料生产、研发设计、市场营销等各个领域，成为全球性服装加工贸易产业链的重要一环近年来，由于受到市场的影响，石狮纺织服装企业进入转型调整期。随着时代与科技的进步，传统的纺织服装产业遭遇结构老旧、效率低下、成本高企等瓶颈。2020年，石狮企业家积极行动，投入巨资进行结构调整与技术改造，纺织服装产业转型升级效果初显，服装企业生产效率得到提升，产业结构得以优化。未来，石狮市将加快推进纺织服装产业互联网平台建设，加速石狮纺织服装行业的高质量发展，通过设计创新拉动，提高生产智能化水平，同时，大力发展时尚纺织服装产业，制造业、服装产业的优势流量转化为文旅发展的优势流量，积极培育新经济增长。

图1-26 闽东南地区男装品牌

2.2.6 珠三角产业集群

珠三角地区的男装产业集群主要包括广东惠州、深圳等地。该地区男装产业的集

---

❶ 天来，杜薇．闽南男装品牌主导中国市场［N］．福建工商时报，2009-04-17.

群得益于中国香港的服装业迁移，香港在20世纪80年代开始在珠三角地区开设大量服装加工厂，改革开放以来，借助其优越的地理位置，进行服装产品的委托加工，获取了男装市场竞争的比较优势。改革开放二十几年的发展，使惠城崛起为珠江三角洲的一个纺织服装的产业基地。在惠城区的桥东、桥西、小金口和江北等地区，聚集着一批西服和衬衣生产企业，在水口镇聚集着一批纺纱、印染、面料和物料企业，在马安镇则集中了一批西装和T恤生产企业。同时，中国的港、澳、台地区和国外的著名品牌也纷纷在惠城区建立了较大规模的生产基地。广东省惠州市在2004年获得"中国男装名城"的称号，其运动装和牛仔服生产、制造、整理和品牌影响都最具规模。从地理位置来看，惠州市毗邻深圳和东莞，是承接发达国家和地区产业转移以及经济全球化的重要区域。如今，惠州市业已形成包含纺纱、织布、设计、生产和销售等多个环节在内的较为完整的产业链。有竞争力的纺织服装企业中，已拥有国际较先进的三维自动设计、排版、裁剪CAD系统。同时，在服装生产方面，拥有法国、意大利、日本等高档衬衣和西装的生产线、定型机以及气流纺纱、色自动印染等生产设备，企业完全有能力进行自主研发营销。"十三五"期间，惠州市政府通过实施品牌战略、信息技术和园区带动，建立资源集聚、产业链条合理、竞争秩序规范的发展环境，推动产业转型升级，促进生产基地型的男装名城向品牌主导型转变。未来，随着中国纺织服装产业结构调整程度的加深以及粤港澳大湾区的建设，惠州将着力建设"2+1"现代产业集群，进一步推进数字产业化和产业数字化，促进5G、人工智能、云计算、大数据等数字技术赋能制造业发展，推动数字经济与实体经济深度融合。大力发展软件信息服务、互联网服务业，壮大软件产业规模，引导企业加大技改投入，推动数字赋能建设，促进鞋业、家具、纺织服装等传统特色产业焕发新活力。珠三角地区的著名男装品牌以卡邦易、群豪、富绅、洛林华勒、埃沃、恩咖为主要代表（图1-27）。

图 1-27 珠三角地区男装品牌

2.3 男装产业集群演变特征

中国男装产业集群地的演变呈现出从北到南的变化特征。纵观中国男装产业的发展，北方京津冀、辽中南、山东半岛地区的男装产业集群较早形成，其发展历史悠久，形成了众多具有特色的男装产业集群。随着改革开放的深入发展以及国家政策的导向支持，南方地区的长三角、闽东南、珠三角地区凭借其独特的地理位置优势及技术优势，男装产业发展越来越集中，形成了著名的三大男装产业集群地。

与南方地区的产业集群相比，北方地区的知名度相对较低，探究其原因归结于改革开放以后，以东南沿海为代表的各级地方政府纷纷推动当地轻纺业的生产和加工。与此同时，各类纺织厂、服装加工厂应运而生，形成最初的服装加工产业，也营造了一个地区的产业链发展环境，许多男装单品品牌开始崛起，如杉杉、雅戈尔、罗蒙等最初的产品是西服和衬衫，七匹狼、劲霸等早期的产品是夹克。以上海为核心的长三角地区历来就是服装业发达区域，即使在计划经济时期，江浙沪也是我国的服装重镇。南方的珠三角和长三角地区汇聚了大量的服装从业者，逐渐形成了服装设计、生产、营销的强大集群，与之配套的面辅料市场也十分完善。与此相对，北方地区缺少与服装业相配套的面辅料市场，设计、营销、管理类人才也较为缺失，男装产业没有形成集群效应。作为北方地区最大的服装纺织品批发集散地，大红门地区服装批发市场最早是1980年代由来自浙江温州地区的个体工商户自发形成。经过几十年的发展，形成了以大红门地区为中心，集仓储运输、布料辅料批发、服装生产加工、服装内外贸于一体的完整的服装产业链条。但自2014年以来，疏解非首都核心功能工作全面启动，北京就启动了大红门服装批发市场的疏解整治促提升工作。随着大红门地区的衰落，北方的男装市场也受到较大影响，男装产业的"南迁"已是全国发展的大趋势。

近年来，以长江三角洲、珠江三角洲和环渤海地区三大经济圈为辐射中心，在男装主产区广东省、浙江省、江苏省、山东省、福建省等地，围绕着专业市场，出口优势、龙头企业形成了众多以生产某类产品为主的区域产业集群，产业链完善，呈现良好发展势头。北方地区较为出名的，有河北容城的衬衫、山东诸城的男式西装、即墨的针织服装。南方地区目前已经形成了四大男装集群，包括以江苏常熟为代表的"苏派"男装产业集群，江浙沪地区的上海、宁波、温州为代表的"浙派"男装产业集群，以闽东南的晋江、石狮为代表的"闽派"男装产业集群，以及借助港、澳等海外优势而独立成长的"粤派"男装产业集群，如江苏常熟的男式羽绒服及休闲装，宁波、温州的男装，嵊州的领带、枫桥的衬衫、平湖的服装出口加工，福建省晋江、石狮的男式正装和休闲服，广东中山的男装等。

3 男装产业技术的发展

技术是产业之源，产业创新主要建立在技术创新基础之上。因此，技术创新是产业发展的重要途径❶。中国的服装（指以机织面料制作的机织服装）以其悠久的历史、精湛的技艺、绚丽的色彩、丰富的内涵而闻名世界，并素有"衣冠王国"之称。但服装制作的生产方式，长期停留在"家务劳动+个体裁缝或裁缝铺"的阶段，连"工场手工业"都不多见。直到19世纪后期，东南沿海的一些商埠（首先是上海），逐步兴起了"工商一体、前店后厂"的规模化经营模式，并出现了一些以工业方式生产男衬衫、西裤、风雨衣、职业装的中小型服装工厂。中华人民共和国成立后，特别是改革开放后，服装业步入了发展的快车道，并在20世纪80年代中后期，完成了由手工业向大工业生产方式的过渡❷。

3.1 从机械化到自动化

3.1.1 改革开放初期中小企业的崛起

从中华人民共和国成立初期进行社会主义改造后，到20世纪80年代初期，中国服装企业一直分散在纺织工业系统、手工业系统和商业系统。此外尚有中国人民解放军原总后勤部所属的一批军需被服厂，多数是大型企业，技术水平和管理水平较高，在满足军队需求的同时，还生产部分职业制服供社会需要。后来也发展到相当大的规模，2011年改组为际华集团。纺织系统的服装企业均属国有企业，数量很少但较有规模，如上海的新光内衣、大地雨衣、海螺衬衫等，北京的大华衬衫厂、长城风雨衣厂等。商业系统的服装企业，主要是大中城市一些工商一体的国营名店名厂，如上海的培罗

---

❶《中国纺织服装品牌发展报告》编委会. 2017年中国纺织服装品牌发展报告［M］. 北京：中国纺织出版社，2017.

❷ 中国纺织工业联合会. 中国纺织工业发展历程研究（1880~2016）［M］. 北京：中国纺织出版社，2018.

蒙西服、鸿翔女装，北京的红都服装、雷蒙西服、蓝天时装、友谊服装厂等（图1-28、图1-29）。

图1-28　上海培罗蒙西服

图1-29　北京红都服装

改革开放和市场需求的强劲拉动，特别是在纺织品长期凭证定量供应取消后，居民需要大量添置衣服，在一段时间内出现超常性需求，大大激发了各地各个方面发展服装工业的积极性。首先，是乡镇服装企业的崛起，尤其是在一些交通便利、农民商品观念比较强、历史上缝纫业又比较发达的乡镇和社队率先行动，蜂拥而起地创办小型服装厂。厂房、设备因陋就简，技术主要靠聘请国企的退休老师傅或星期天工程师传、帮、带。一些乡镇企业的领导和管理人员，样样都干，既当领导，又跑供销，又下车间劳动。

1984年春，中共中央和国务院相继发布1号和4号文件，肯定了社队企业在振兴农村经济中的重要作用，把社队企业的名称改为乡镇企业，使它们得以充分发挥自己的灵活经营机制和劳动费用低廉的优势，开始以超常的速度发展。1987年10月，党的十三大提出：在实现第二个百年奋斗目标过程中，必须坚定不移地贯彻执行"注重效益、提高质量、协调发展、稳定增长"的经济发展战略方针。主管乡镇企业的农业农村部，根据这一战略方针，结合乡镇企业发展中存在的困难和矛盾，提出乡镇企业必须转变，其中包括：从主要靠增加投入的外延发展转向依靠科学技术，实行内涵发展和外延发展并重，从注重产值增长转向注重产品质量，做到经济效益、社会效益、生态效益并重。经过几年的治理整顿，乡镇企业过猛的发展速度得到控制，大部分乡镇服装企业得到巩固提高。这一时期，澳商、台商和外商纷至沓来，民营服装企业也在这个时期迅速崛起，并在激烈的市场竞争中发展壮大。

1978年，党的十一届三中全会后，温州首先抓住改革开放的先机，办起了一批以民营经济为主的服装企业。以中小企业居多。当时称为"温州模式"。温州服装企业单体规模并不大，但通过社会分工协作聚合，形成一个具有不同规模的各类服装专业生产基地，并大举引进先进设备，如德国的黏合机、日本的自动拉布裁床、意大利的全自动系列整熨机和计算机控制服装辅助设备等，使服装生产设备整体水平全面提高。2001 年 7 月，温州的 6 家男装企业代表中国参加德国科隆国际男装展，其产品受到国内外同行的称赞。国家服装质检中心专家评价：温州服装整体水平在国内已处于领先地位。温州服装有共同特点：创新意识强，富有特色风格，紧跟国际潮流，更新换代快，已从过去的模仿为主演进到以自我创新为主的阶段。不少知名企业开始与知名设计师联手，使企业产品定位更趋明朗，设计风格更有个性。

3.1.2 注入现代科技的服装工业

1982 年 2 月 18 日，轻工业部正式上报全国服装研究设计中心组建方案。国家经济贸易委员会两天后就批准组建，并指出其将逐步成为中国服装工业的技术指导中心和学术研究中心。据此，中国服装产业在制定法规、质量评比、企业考评、重新修订《服装号型》国家标准、制定《中国老年人服装标准》（试行）等基础性工作后，重点抓好现有服装企业的技术改造，逐步把服装行业"武装起来"。

3.1.2.1 "洋为中用"的基建与技术改造

要改造中国传统的服装工业，必须采用先进的技术装备。在这方面见效最快的是"洋为中用"，把国外先进的技术装备引进来。"七五"和"八五"期间，全国已有 659 个服装企业推广使用计算机辅助设计（CAD 系统）和辅助管理。有 20 多家服装企业还配备有计算机控制的服装吊挂传送系统。每分钟 3500 转的高速平缝机、立体熨烫包装，小批量、多品种生产方式的模块式组合，自动裁剪系统等高新设备、技术也得到推广。

"七五"期间（1986~1990 年），国家把服装列为消费品工业的重点。中国服装工业总公司抓住这一难得的契机，筹集国家拨款、贷款和企业自筹资金共 135 亿元，对 553 个服装鞋帽企业进行一些必要的改造，建立西服、时装、衬衫童装、丝绸服装、羽绒服装等 13 个样板厂。期间，全国用于服装及制品业的固定资产总投资达 3483 亿元，其中，更新技术改造 21.89 亿元，引进设备 38000 台（套），使机织服装生产能力提高了很多。

"八五"期间（1991~1995 年），服装工业继续得到国家的扶持，安排中央专项 110 个，总投资 8 亿元，用汇 8000 万美元。按统一标准建设了一批样板厂，全国用于服装及制品业的固定资产投资额达10184亿元。其中，更新改造632亿元。

3.1.2.2 不断发展的服装工业与技术创新

"洋为中用"虽是必不可少的手段，但解决根本问题还是要通过自力更生。"六五"期间（1981～1985年），国家经委拨款1亿元用于服装机械厂研制新的服装机械。经过3年的研究攻关，先后创新和改造服装专业设备4大类32种，其中多头绣花机等替代了进口。随着时代的进步，世界科技发展日新月异，服装生产前沿科技—计算机集成制造系统（cIMs）被列为"八五"重大科技攻关项目，1993年被纳入国家新技术"863"计划。建立服装设计与加工工艺示范中心，由西北纺织工学院（现西安工程大学）、中国科学院、清华大学、航空航天工业总公司、一机部自动化所、武汉大学等16个单位67名专家组成攻关队伍，用了两年半时间攻下了5个专题：服装信息系统（CIS）、服装计算机辅助设计系统（CAD）、服装计算机辅助裁剪系统（CAM）、柔性加工系统（FMS）、服装计算机辅助工艺计划（CAPP），并实现了上述5个单元技术的"初步集成"，后上升到"网络集成"，多品种西服可在一条生产线上同时加工生产，实现了小批量、多品种、高质量、短周期的计算机控制的生产经营模式，并可提高企业整体运行效率10%~20%。就中国服装产业来说，它标志着由工业经济向知识经济迈出了重要的一步。1996年11月，"八五"国家科技攻关重大科技成果颁奖大会上，该项目荣获国家奖。此外，中国纺织大学（现东华大学）研制的吊挂传输式服装生产系统，荣获1993年国家科技进步三等奖（图1-30）。

图1-30 吊挂传输式服装生产系统

进入21世纪后，移动互联技术、大数据、物联网和云计算融入未来产品和生产销售价值网络。先进传感器、增材制造等一系列创新的制造理念和模式不断涌现，促进产品设计、制造、销售和使用方式的根本性转变❶。

---

❶ 中国常熟男装指数编制发布中心. 中国男装产业发展报2015 [M]. 北京：中国纺织出版社，2015.

3.2 从"制造"到"智造"

3.2.1 国内外智能制造技术发展现状

作为中国制造2025战略计划的五大工程之一，智能制造已经成为服装产业转型升级的重要助力。为加快推动智能制造发展，2021年12月28日，工业和信息化部等八部门联合印发了《"十四五"智能制造发展规划》。其中提出："十四五"及未来相当长一段时期，推进智能制造，要立足制造本质，紧扣智能特征，以工艺、装备为核心，以数据为基础，依托制造单元、车间、工厂、供应链等载体，构建虚实融合、知识驱动、动态优化、安全高效、绿色低碳的智能制造系统，推动制造业实现数字化转型、网络化协同、智能化变革。

当前，中国服装行业处于强国建设和转型升级发展的关键时期。本轮转型升级发展的主题是"加快结构调整、转变增长方式"，实现我国从服装大国到服装强国的战略转变，其核心在于从"规模效应发展"到"价值发展"，从"要素驱动"到"创新驱动"。因此，服装产业智能制造的转型升级已经势在必行。

3.2.1.1 国外智能制造技术发展现状

从宏观角度看，随着互联网、大数据、人工智能等技术的不断发展，第四次工业革命正在悄然兴起，为了抓住新工业革命的历史机遇，德、美、日等发达国家相继部署制造业发展战略。美国于2012年推出先进制造业战略计划，旨在构建制造业"产学研"联合的基础平台并形成创新智能制造生态系统；德国于2013年提出"工业4.0"战略，旨在提升制造业智能化水平，以智能工厂、智能生产、智能物流为三大主题；日本于2015年启动工业价值链计划，让不同的企业通过接口链接组成日本制造的联合体王国，充分利用其发达的物联网和机器人技术促进制造业发展。

从微观角度看，国外的纺织服装业基本上摒弃了低附加值的大规模生产和大众产品市场。美国服装制造业主要通过提高服装加工自动化程度、满足顾客按需定制需求、支持服装制造业的地方举措来提升竞争力。欧洲发达国家的纺织服装工业在政府的主导和企业的主动求变下，通过参与国际分工，将失去优势的生产环节转移出去，保留具有优势的设计、流行趋势发布、品牌运营、零售终端等环节，在全球价值链中掌握了话语权。日本纺织服装业主要通过对过剩的生产能力实行停产或转产、生产环节转移、产品创新等手段进行产业升级❶。

---

❶ 段佳佳，许君，章莹，张鸿志，孟前英. 中小型服装企业智能制造转型升级研究［J］. 纺织导报，2021（10）：63-66.

3.2.1.2 国内智能制造技术发展现状

随着信息技术的发展，我国服装（包括男装）行业信息化应用技术也在不断完善，成熟的、适合服装行业技术管理特点的信息化管理系统已基本覆盖研发、设计、生产、营销等各个业务环节，电子商务技术的发展及互联网技术的创新更是支撑企业信息化应用突破企业边界、形成与社会资源相结合的发展态势。

（1）移动互联技术。移动互联网就是将移动通信和互联网二者结合起来成为一体。即互联网的技术、平台、商业模式和应用与移动通信技术结合并实践的活动的总称。移动互联技术带来了移动电子商务、移动支付等业务模式创新。中国互联网信息中心CNNC发布的第35次调查报告显示，截至2014年12月，中国手机网民规模达5.57亿。网民中使用手机上网人群占比由2013年的81.0%提升至85.8%。随着移动终端价格的下降及WiFi的广泛铺设，移动网民呈现爆发趋势。

移动互联技术所带来的与服装产业相关的模式创新包括移动电子商务、移动支付、移动社交等。移动电子商务（M-Commerce）由电子商务（E-Commerce）的概念衍生出来，是通过手机、PAD等移动终端进行，商务活动具有随时、随地、随身的特点。移动电子商务将极大地改变生活与商业的面貌。

移动支付也称为手机支付，就是允许用户使用其移动终端（通常是手机）对所消费的商品或服务进行账务支付的一种服务方式。单位或个人通过移动设备、互联网或者近距离传感直接或间接向银行金融机构发送支付指令产生货币支付与资金转移行为，从而实现移动支付功能。通过移动支付逐渐实现：替代纸币虚拟化、银行服务移动化、理财工具贴身化、虚拟货币国际化趋势。

移动社交指用户以手机、平板等移动终端为载体，以在线识别用户及交换信息技术为基础，通过移动网络来实现的社交应用功能。移动社交不包括打电话、发短信等通讯业务。与传统的PC端社交相比，移动社交具有人机交互实时场景等特点，能够让用户随时随地创造并分享内容，让网络最大限度地服务于个人的现实生活。

（2）物联网技术。物联网即通过二维码识读设备、射频识别RFID装置、红外感应器、全球定位系统和激光扫描器等信息传感设备，按约定的协议，把任何物品与互联网相连接，进行信息交换和通信，以实现智能化识别、定位、跟踪、监控和管理的一种网络。物联网是一个基于互联网、传统电信网等信息承载体，让所有能够被独立寻址的普通物理对象实现互联互通的网络。其具有智能、先进、互联的三个重要特征。

就目前而言，物联网的应用已经在服装行业有所体现，RFID标签（如吊牌）是目前最可行的物联网前期应用。RFID标签可令终端销售实现仓库管理自动化、销售自动化和货品售后的反馈跟踪，包括多库协同作业、仓库收发货和盘点作业、库位管理与先入先出、最优库存与缺货报警、畅滞销品的动态统计、购买者品类偏好分析、款式与断码分析、自动柜台销售与对账、退货控制与责任追溯。而对于网上销售，还可实现售卖者、购买者和第三方对物流配送环节和时限的多向跟踪。例如，福建劲霸公司在其成品仓库和专卖店采用了RFID技术，通过电子标签进行实时数据采集，与总部实现及时信息共享和沟通，解决了仓库管理和供应链管理中长期存在的问题。

手机用户可登录电子商务平台对货物进行选购，并通过手机终端进行第三方支付，在这过程中，男装厂商、手机终端和银行，三者基于物联网技术紧密联系在一起。对男装品牌企业生产商和原材料供应商来说，物联网的应用也可大大提高企业运作效率，在物联网发展成熟的条件下，生产商可及时了解原材料的供应情况、价格、质量、分布地区等，男装品牌企业也可对生产商有效比对、择优选择等。

3.2.1.3　大数据

研究机构Gartner对于"大数据"给出了这样的定义："大数据"是要新处理模式才能具有更强的决策力、洞察发现力和流程优化能力的海量、高增长率和多样化的信息资产。大数据正在改变着产品和生产过程、企业和产业，甚至竞争本身的性质。把信息技术看作是辅助或服务性的工具已经成为过时的观念，管理者应该认识到信息技术的广泛影响和深刻含义，以及怎样利用信息技术来创造有力而持久的竞争优势。无疑，信息技术正在改变着我们习以为常的经营之道，一场关系到企业生死存亡的技术革命已经到来。

商业智能（使用数据模式看清曲线周围的一切）成为商业决策的重中之重。在理想世界中，大数据是巨大的杠杆，改变了公司的影响力，带来竞争差异、节省金钱、增加利润、愉悦买家、奖赏忠诚用户、将潜在客户转化为客户、增加吸引力、打败竞争对手、开拓用户群并创造市场。

大数据分析是商业智能的演进，当今，传感器、GPS系统、QR码、社交网络等正在创建新的数据流。所有这些都可以得到发掘，正是这种真正广度和深度的信息，在创造不胜枚举的机会。要使大数据言之有物，以便让大中小企业都能通过更加贴近客户的方式取得竞争优势，数据集成和数据管理是核心所在。

利用互联网大数据，对消费者的喜好进行判定。商户可以为消费者定制相应的、独特的个性服务，甚至可以在一些商品或者服务上匹配用户心情等。商家还可以根据大数据为消费者提供其可能会喜好的特色产品、活动、小而美的小众商品等。例如，美国梅西百货应用大数据分析实现实时定价机制，根据需求和库存的情况，对多达7300万种货品进行实时调价。

3.2.1.4 人工智能（AI）

在智能制造实践过程中，人工智能技术不仅是核心技术，同样也是应用最多、最广的技术，在一定程度上智能制造代表着人工智能化制造，服装企业智能制造也是如此。所谓人工智能（Artificial Intelligence，AI），就是研究开发能够模拟、延伸和扩展人类智能的理论、方法、技术及应用系统的一门新的科学技术。

微软2020年6月发布的调研报告对国内和国外三千多家企业进行了调研，人工智能战略占到83%，人工智能战略正在实施有30%以上，重新塑造了工业化的生态，提升了工业的效率，以及改变了世界工业格局。我国在面对人工智能的爆发性发展时期，早在2016年的政府工作报告和2019党的十九大工作报告中就提出了"大众创新、万众创业"，要推动"互联网＋"深入发展，促进数字经济加速成长，让企业广泛受益，百姓普遍受惠；要打造好工业互联网平台，拓展"智能＋"，为制造业转型升级赋能。这里说的"智能＋"就是指"人工智能＋"，而"人工智能＋X"是人工智能技术应用范式，且已日趋成熟，人工智能向各行各业快速渗透融合，进而重塑整个智能社会发展，这是人工智能驱动第四次技术革命的最主要表现方式。

AI与各行各业融合包括与服装智能制造相融合，AI技术在我国短短几年的发展中，已形成较完善的人工智能产业链（图1-31）。在AI的应用层面、技术层面和基础层面中，智能机器人、无人机、传感器、图像识别、计算机视觉、语音识别、文字识别、机器学习、深度学习等均是AI技术研究领域，它们都和服装智能制造相关。其中的智能机器人、图像识别、计算机视觉、语音识别、文字识别、机器学习、深度学习等AI技术在服装智能制造中应用最为广泛[1]。

3.2.1.5 智能制造服务体系

基于对人工智能、互联网、大数据等新信息技术的应用，为企业、品牌及设计师提供科学、高效、精准、便捷的生产设计、供应链协同、订单管理、仓储物流等服务体系[2]。"太平鸟时尚中心"构建"互联网＋品牌零售"的共享新模式，从消费者洞察、供应链运营效率提升、信息安全等基础保障支持方面着手，创建大数据应用平台，打

❶ 闻力生. 人工智能在服装智能制造中的应用 [J]. 纺织高校基础科学学报，2020（6）.
❷ 中国服装协会. 2020—2021中国服装行业发展报告 [M]. 北京：中国纺织出版社有限公司，2021.

应用层	场景应用	智能安防	智能金融	智能驾驶	智能医疗
		智能制造	智能教育	智能家居	AI+其他
	消费级终端硬件	机器人	无人机		智能硬件
技术层	应用技术	图像识别	语音识别	文字识别	
		计算机视觉	自然语言处理	知识图谱	
	算法	深度学习		强化学习	
基础层	数据及计算能力	传感器	芯片	数据	云服务	软件框架

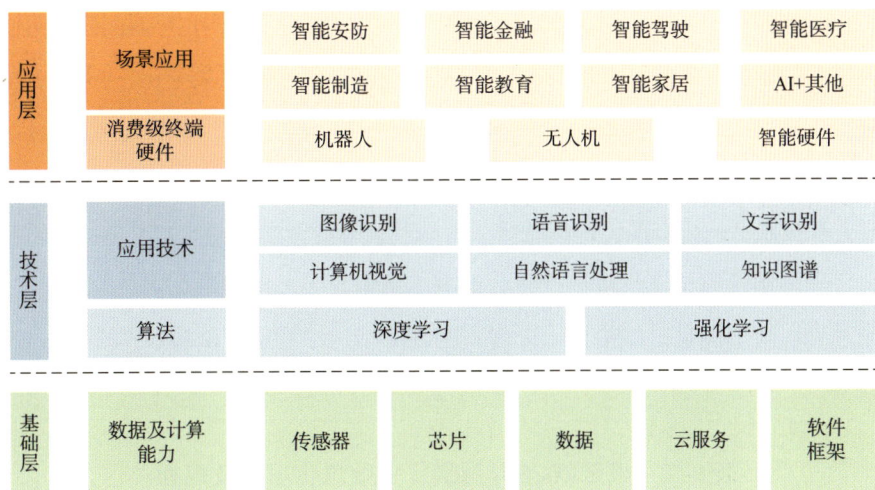

图1-31 AI产业链

造中国青年时尚研究中心。2017年，太平鸟接触到专注于数字化平台研发与应用，聚焦零售行业解决方案的数字化零售平台服务商互通信息。太平鸟决定以新建数字化会员机制作为切入点，逐步打通自身各个渠道及系统的数据。针对太平鸟原有数据系统独立割裂，无法打通的状况，互道通过其数字化零售平台DataForce解决方案技术能力，将太平鸟企业内部的CRM、ERP、POS、WMS、OMS等众多业务系统数据，以及服务消费者的前端应用进行实时通融。历经七个月的时间，太平鸟完成了数字化平台搭建项目的前期准备、开发、测试、验收、上线，全渠道数据完成融合互通。数据拉通后，线下门店天猫商城、公众号、积分商城的会员数据得以打通，实现了会员体系的统一[1]。

"常熟纺织服装创意产业园"引入志远智赢智能工厂示范项目，实现柔性生产线、候鸟设计师孵化、共享制板打样平台、设计师品牌集成店、国际流行时尚款式快返零售、个性定制体验中心、大数据集成展示中心等多项功能。"POP时尚创意综合服务平台"打造为时尚行业提供流行资讯及供应链全套解决方案的时尚产业创新服务平台，致力于创意设计工作空间打造、时尚产业新平台构建和互联网的重塑，已在全国11个产业集群地落地。

"韩都衣舍互联网二级生态品牌运营平台"通过升级智能化客服中心，打造柔性供应链体系和自动化仓储物流中心等智能系统，实现快速返单、精准生产、柔性协同。

[1] 网易新闻. 十年繁荣、逆势破局 [Z] 太平鸟如何践行数字化零售，2020-8-12.

山东"迪尚智慧时尚生活方式集成创新平台"通过建设使用中国服装数字化研发中心，聚焦数字化服装设计和3D建模基础研究，实现设计源头数字化，同时与北京服装学院合作成立"迪尚—北服产学研研究室"，共同开发服装柔性供应链智能平台。

然而，我国纺织服装企业的智能信息化水平还有很大的进步空间，尤其是在基础技术研究和技术产业化方面，严重减缓了纺织服装行业智能制造的发展进程（表1-7）。同时，伴随供给侧结构性改革调整滞后于需求结构升级，形成中高端供给不足，多样高端需求难以得到满足，供给侧不平衡不充分的结构性问题无法满足消费升级拉动的美好需求。

表1-7　截至2025年服装行业信息化项目及规划

序号	项目名称	具体技术	具体指标（2025年）
1	数字化设计技术	基于三维、二维一体化的服装样板定制技术	实现2D—3D服装CAD的一体化设计平台
		服装设计技术信息的收集、分类与应用	面向小批量差别化生产趋势，进行标准化研究
2	智能化生产及管理技术	纺织制造执行系统（MES）	形成产业化技术，在行业推广
		智能化服装生产线	突破衣片抓取和传送关键技术
3	电子商务及物流信息化技术	企业网络化定制营销模式创新与示范	应用企业在50家以上
		服装企业现代化物流配送及仓储信息化建设	规模以上品牌企业30%实施该项目
4	服装数字化、信息化技术	服装计算机辅助设计与制造系统	全行业CAD/CAM配套使用普及率达到35%
		电脑控制自动吊挂系统（FMS）	全行业普及率达到10%
		射频识别技术（RFID）应用	全行业普及率达到35%

3.2.2　服装智能制造技术前沿

3.2.2.1　服装设计中的智能制造技术

（1）智能流行趋势预测系统。英国每年有30万吨过时的旧服装，如何减少浪费也成为目前研究的热点。英国Fashion Pocket股份有限公司认为，正确把握服装流行趋势可以减少服装浪费，他们收集了超过2500万份服装图像数据，利用人工智能机器学习算法分析、预测全球服装服饰的走向，并计算和预测本国或全球市场服装产品流行动向。

（2）智能服装CAD。2019年麻省理工学院利用AI技术中的生成式对抗网络（Generative Adversarial Networks，缩写为GAN）模型进行服装设计，是一种深度学习模型。GAN设计了2个神经网络，通过1个生成、1个判断进行博弈。例如，在连衣裙的设计上，研究人员收集了大约5000张过去的连衣裙时装样式的图片数据，一个为GAN的生成模型，一个为GAN的相对抗的判断模型，然后进行几天训练，就可以得到新设计的连衣裙时装样式。

3.2.2.2 可穿戴智能服装

当穿戴者的心跳加快时裙子会变得透明，一件拥有无线上网热点（WF I hotspot）的拼接服，或是一件可吸收太阳能并为手机充电的华服等，都是科学家们为可穿戴式技术走进生活所做的尝试。现在的可穿戴服饰产品包括衣服、眼镜、头盔、手表、戒指、臂环、腕带跑鞋、腰带、纽扣等，已实现从头到脚的时尚（图1-32）。

图1-32 可穿戴服饰产品

目前，构成服装服饰产品智能化主要依靠服装织物技术、电子信息技术、网络通信技术、人工智能技术和计算机技术，将这些技术集成于能够穿戴的服装服饰产品，才有了市场上的各式各样的可穿戴智能服装服饰产品，产品范围从google眼镜到智能手表，可穿戴式技术正慢慢渗入时尚领域。可穿戴产品特征可以归纳为：更强的个体伴随性，科技与时尚的结合，与健康需求的密切关联。

近年来，服装品牌厂商将可穿戴智能服装设计理念作为对现有产品进行升级的重要手段。可穿戴设备作为颠覆传统服装概念的新品，其出现驱动了人机一体化的市场走向。服装完美地接触人体，可以更加精确地覆盖人体的多个部位，并测量人体的生理功能。可穿戴设备作为构架服装品牌与数字平台之间的桥梁，正是推动这两个元素不断整合的催化剂。

未来，生物计量将通过袜子、内衣等带有特定功能的智能服装进行。智能袜子由软性织物传感器编制而成，能跟踪用户跑动时的足部活动；智能内裤用来检测身体的各项生理指标。可穿戴技术和设备反馈实时生理数据，将能够便利我们了解人们的健康指标。

苹果公司于2015年3月发布的38款AppeWatch智能手表，分为运动款、普通款和定制款三种，支持打电话、语音回短信、连接公共交通和天气信息、地图导航、播放音乐、测量心跳、计步等几十种功能，是一款全方位的健康和运动追踪设备。一方面，新技术将会创造出新的产品形态并将引发新的市场形态的出现，将给半导体产业、应用程序开发商、终端设备制造商、电信运营商等带来全新的市场机遇。另一方面，在创造新市场的同时，也将颠覆传统市场，苹果的首款智能手表Apple Watch在传统腕表市场中引起了热议，这种新产品品类的冲击将可能给整个市场带来巨大的威胁，这种威胁可能是颠覆性的。Apple Watch的价位以349美元起，这已触及天梭（Tissot）为代表的入门级品牌腕表划定的价格门槛。高端苹果手表也采用了传统手表的贵金属材质，若表带借鉴奢侈品牌所采用的鳄鱼皮等珍稀材质，并把工匠精神融入手表的细节制作中，那对高端腕表就相当有威胁力了。

2014年，谷歌、苹果等科技巨头看到了以可穿戴设备为核心的新一轮智能硬件浪潮所蕴含的机会，纷纷斥巨资收购设备公司。2014年9月Cowen and Company的报告预测，从当年到2020年，生活方式和娱乐类可穿戴设备，包括多功能智能手表、眼镜甚至珠宝，这些将会成为全球销量最好的可穿戴设备。科技公司重视产品与时尚的融合。Apple Watch优势不止在于作为智能手表在技术上的突破，而是它将吸引更多的时尚人群，向普通人传达一种"Apple Watch是科技产品也是时尚饰品"的理念，与Swatch当年一样，Apple Watch将消费者定位为：关心时装潮流，购买耐克运动鞋、盖普服装和布鲁斯音乐唱片，需要一种时尚来满足个性化的年轻人。

耐克将互动式移动应用与搭载数字科技的鞋款相结合的崭新运动体验，推出两款NIKE+新品：NIKE+ Basket ball和NIKE+ Training，一款为篮球运动员设计，另一款可用于平时训练。NIKE+产品是将一个压力感应器置于耐克的运动鞋内，能够记录运动员每一次训练的数据，并无线传输到iPad或iPhone。NIKE+Fuel Band是监测并记录日常活动的腕带。

深圳智裳科技公司推出的智能瘦身衣（图1-33），它由自主研发的具有生物电、压力等传感功能的柔性传感新材料，通过释放电子肌肉模拟器（Electronic Muscle Simulator，缩写为EMS）脉冲波，模拟大脑神经中枢电信号，刺激肌肉自主高效运动，从而达到瘦身效果。该公司还推出了带有监测系统的智能文胸，它通过对胸部测量建立乳房周围温度场，获得温度场大数据；通过监测，将正常与异常大数据对比分析，及时监测用户的乳腺异常情况。另外，还有智能运动鞋袜，袜子由导电纤维制成，跑步时由传感器和导电纤维把数据传给脚环，脚环再与智能手机对接，就能读出跑步数及运动情况；以及利用脑机接口技术所制作的帽子，戴上它可使大脑始终处于清醒健康状态。

图1-33　智裳EMS脉冲智能运动衣

3.2.2.3　服装生产中的智能制造技术

（1）工艺参数中的应用。服装在对各种面料进行缝制加工时首先要进行缝制参数设置，如缝纫机车速、缝线张力、线迹形式、线迹大小等，这些参数设置得是否准确，会影响到缝制质量。因此在缝制过程中，可以利用AI技术中的机器视觉技术、机器学习和深度学习技术来选择最优缝制参数，使缝制质量达到最好[1][2]。2019年台州市箭马缝纫机公司推出的JM-998S视觉识别自动送扣缝纫机，在行业内率先将视觉图像识别

---

❶ 王继业. 人工智能重点研发方向及发展展望［R］. 北京：中国电力科学研究院，2018.

❷ DONG Z, LIU G Y, NI G M, et al. Optical coherence tomography image denoising using a generative adversarial network with speckle modulation［J］. Journal of Biophotonics, 2020, 13（4）: 1-4.

技术运用在送扣机上，使之成为智能自动送扣缝纫机，借助这一技术可以让纽扣在缝制时完全按照自己设定的方向有序排列进行送扣缝制。

（2）AI＋服装缝制设备和AI＋机器人。2018年，美国软件公司推出的具有视觉的自动缝纫机器人也采用了机器视觉技术。它的摄像机和缝纫系统安装在机器人手臂上，使机器人成为人工智能的载体。其传感器摄像机具有1000帧／秒的高速摄影能力，能够以0.2~0.5毫米的精度捕捉缝纫轨迹❶。

（3）协同智能缝制单元或系统。上海富山公司推出的HSAT—K2 T恤自动开口下摆包缝无人工作站系统是一个典型的模块式智能协同缝制加工单元，该单元采用多种前沿技术，如工业机器人抓取和传送技术、AI技术中的机器视觉技术、自动缝纫技术、机械手自动输送技术、自动收料技术等。山东珞石机器人公司与西安标准股份公司联合推出了XB7机器人协同智能缝制系统，采用一台六轴工业机器人吸附衣片，通过视觉识别系统，机器人进行精准传送，控制缝制设备完成包缝与平缝的加工（图1-34）。

珞石机器人公司自主研发的AutoGen视觉识别系统，可通过辨识衣片轮廓与角度自动生成缝制线迹与机器人运行轨迹。此项技术攻克了机器人与缝纫机速度协同控制难题，填补了机器人与缝制设备协同自动化加工技术的空白。同样，上海威士公司推出了WS—8000衬衫袖克夫烫、缝、锁、钉机器人协同缝制系统（图1-35）。该系统由珞石六轴机器人、袖克夫定型机、袖克夫缉明线缝纫机、平头锁眼机、钉扣机及相机传感器等组成。在机器人及图像识别系统技术条件下，形成了当今智能化技术最先进的模块式的智能协同加工单元，为服装企业实现智能制造做出了最直接的贡献。

图1-34 XB7机器人协同智能缝制系统

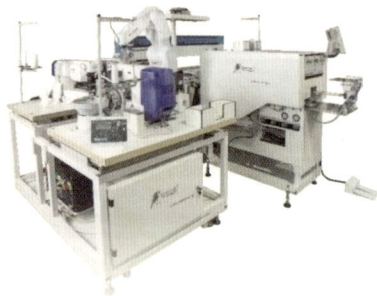

图1-35 WS—8000袖克夫机器人缝制中心

（4）实现智能模块式的制造方式。模块化生产是在20世纪60年代刚性生产制造系

❶ LIB, HOU B YU W, et al. Applications of artificial intelligence in intelligent manufacturing: A review [J]. Frontiers of Information Technology Electronic Engineering, 2017（18）: 86-96.

统、80年代柔性生产制造系统和90年代计算机集成制造系统（CIMS）基础上发展起来的，主要是为了适应服装市场消费需求的变化和服装个性批量定制的要求，是21世纪生产的主要方式。模块化生产系统包括产品模块化、产品生产过程模块化和产品供应模块化。生产过程模块化是指服装加工流程中工位的加工设备模块化，各模块之间由机器人负责衣料的传送，因此这种加工方式可以打造无人加工生产线，实现服装智能制造工厂❶❷。传统的服装加工过程中所用的各种设备经过近几年的自动化、智能化创新，都已形成了具有模块式、协同式、智能单元式的系统，这些模块协同智能缝制系统串联在一起，就实现了智能生产线、智能车间和智能工厂。

杭州凌笛数码公司推出的STYLE 3D设计与管理服务智能模块，从3D出发较好地解决了服装设计制板及后续生产问题，如图1-36（a）所示；浙江宁波经纬公司推出的智能裁剪系统模块，较好地解决了从面料到衣片的全自动化，如图1-36（b）所示；上海上工申贝、上海威士、上海富山、西安标准、浙江杰克、浙江中捷等公司相继推出的类似的机器人智能协同缝制系统模块，较好地解决了服装自动化缝制，如图1-36（c）所示；上海威士公司推出的智能整烫模块，较好地解决了服装自动化整烫，如图1-36（d）所示；宁波圣端斯公司推出的成衣自动输送、折叠包装、分拣入库，较好地解决了服装智能仓储物流系统，如图1-36（e）、图1-36（f）所示，以上这些设备有效集成，便实现了服装智能制造。

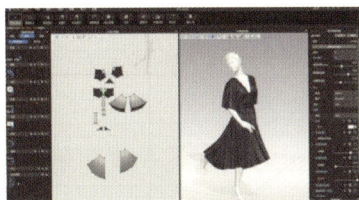

（a）Style 3D   （b）智能裁剪系统模块   （c）智能协同缝制系统模块

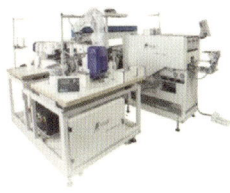

（d）智能整烫模块   （e）托盘式分拣系统   （f）悬挂式智能分拣仓储系统

图1-36 服装智能模块化制造

---

❶ 贺宪亭. 数字技术驱动服装产业定制化转型［J］. 纺织高校基础科学学报，2018，31（1）：19-24.

❷ 闻力生. 服装企业智能制造的实践［J］. 纺织高校基础科学学报，2017，30（4）：473.

51

（5）在服装面辅料及成衣质检中的应用。2019年深圳创新奇智公司以AI的机器视觉技术为切入点，自研Manu Vision工业视觉平台，建设包含光学成像、机械自动化、电气自动化和软件算法的全技术线。在该技术线的基础上，推出支持定位、检测、测量、识别等四大功能的工业视觉一体机，可应用于纺织服装行业，对面料和成衣进行质量检测，检测内容包括色差、疵点识别、尺寸大小等。

3.2.2.4 服装展示中的智能制造技术

在服装制造业中，服装虚拟3D设计、3D试衣、3D走秀及服装色彩、款式、面料等仿真的主要目的，就是让设计者与客户通过真实的效果，对服装作品作出修改与调整，从而对服装产品及其他系统达到一致的肯定。AI技术中的机器视觉技术、图像识别技术的精准度已远远大于人的视觉和识别能力，所以AI技术的仿真效果更好、更真实。

环境心理学家指出，有意识的空间设计会对消费者产生某种影响。就像在实体店中，不同的物理购物环境将形成不同的消费心理和行为，在互联网中，零售商网站的氛围也会影响用户的使用意图和浏览结果，如满意度、回头率、购买率和停留时间等。

网络购物环境中，消费者的感官体验在很大程度上被削减，而目前用于互联网商品展示的影像互动技术（IT），如全景图片、缩放技术、3D展示、虚拟模特试衣等则为消费者带来了更加逼真的互联网消费体验。其中，全景图片、缩放技术、3D展示等有助于帮助消费者进一步了解商品属性，提高真实感和体验性，降低感知风险，而虚拟模特试衣则为消费者提供了积极的感官体验，加强了消费者的购买意向。

（1）虚拟褶皱技术。虚拟皱缩技术是学术界开发的数字工具平台Shoogleit.com中的一项，它实现了用户主控的产品可视化交互，能增加用户对产品的认知和情感反应。如图1-37所示，展示了用户使用触摸屏设备对面料进行揉捏的数字显示效果，相对使用键盘和鼠标操作，触屏设备与商品互动的形式更接近实体店铺，用户体验也更真实自然。

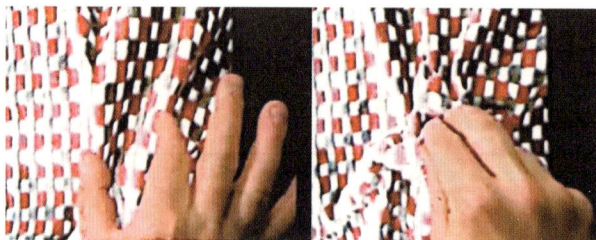

图1-37　虚拟褶皱技术

（2）虚拟试衣。虚拟试衣技术目前尚处于实验阶段。对时装零售业来说，互联网时装零售，常因尺寸不符、颜色有色差、板型不好、与个人气质不符等问题而发生退换货，虚拟试衣技术则有助于克服这些问题，其丰富了消费者产品感知的途径，使消费者能够参与虚拟在线产品互动，刺激消费者的心理意向并强化购买意图和购买行为。虚拟试衣技术有许多不同的类型，其中一种主要的类型是在线试衣，用户输入自己身体各部位的参数，经过数字化处理形成人物模型，然后利用这个"自己"自由搭配和挑选尺寸合适的服装。虚拟试衣公司Fits me为网络零售商开发的在线虚拟试衣间，用户可以根据自身情况挑选不同尺寸的服装进行虚拟试穿直到满意为止。据统计，使用虚拟试衣软件进行线上购物的消费者退货率为4%，而未采用该软件的退货率是15.3%。目前，包括Austin reed、Baukjen、CC Fashion、Hugo Boss和Thomas pink在内的多家时装零售商采用了在线虚拟试衣间。

（3）VR秀场展示。汤美·费格（Tommy Hifiger）在纽约市第五大道的旗舰店提供了虚拟试衣技术体验，当顾客走进旗舰店后，会被邀请戴上一个VR眼镜（图1-38），通过360度及3D VR技术让顾客感受到坐在第一排看秀的感觉。同时，品牌会在特定区域里让顾客看到刚才在虚拟里面看到的新系列，并可以立刻购买。由于VR的感觉特别，所以自从旗舰店做了这个技术体验，通过在社交媒体上面不断地曝光，增加了品牌的曝光率。

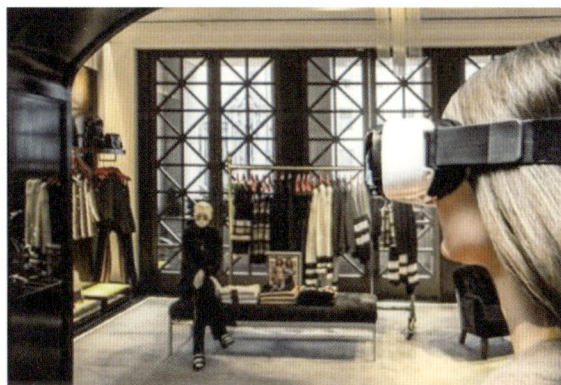

图1-38　Tommy Hifiger旗舰店的VR体验❶

3.2.2.5　服装零售中的智能制造技术

智慧门店是一种新兴的概念，它是通过大数据的云计算，再将智能设备、软硬件

---

❶ 93913虚拟现实网. Tommy Hilfiger引进店内虚拟现实体验［Z］. 2015. https://www.93913.com/2664.html.

等相结合，分析顾客的购买行为，从而指导商家经营，实现店铺的智能化管理[1]。丹麦绫致时装公司在中国的JACK&JONES品牌服装智慧零售门店应用了AI人脸识别技术（图1-39），并拥有基于人脸识别技术的客流统计系统和可用于客户可视化个性定制服务试衣镜系统。

图1-39　JACK&JONES品牌智慧试衣间[2]

德国Zalando Research研究所的研究者在门店用的Style GAN系统[3]，使用了生成对抗网络技术，它可以帮助客户展示指定单品混搭后穿在身上（各种姿势）的效果，用以实现可视化定制服务（图1-40）。

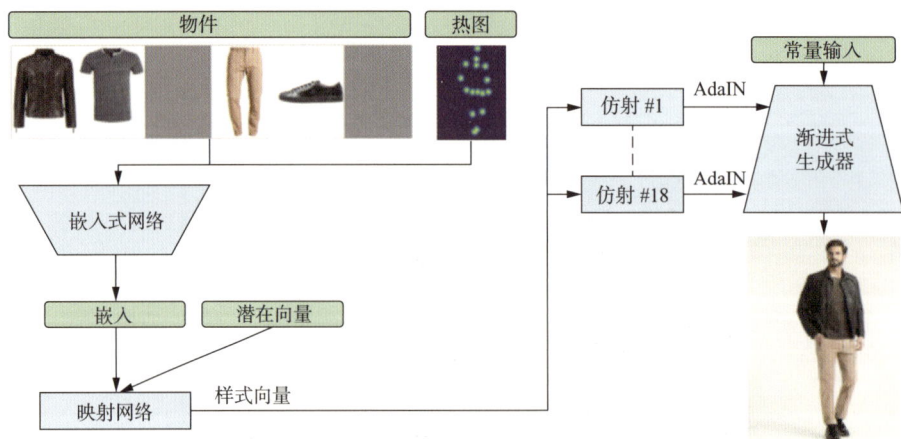

图1-40　Style GAN试衣间

[1] 魏巍. 基于O2O电子商务的智慧门店系统设计［J］. 吉林省经济管理干部学院学报，2016，30（6）：30-33.

[2] 陈肖丽. Jack&Jones合作微信、腾讯推出全国首家人脸智慧店［Z］. 2018.1.7. http://www.Link shop.com/news/2018394439.shtml.

[3] YILDIRIM G, JETCHEV N, VOLLGRAF R, et al. Generating high-resolution fashion model images wearing custom outfits［J/OL］. ［2020-02-20］. http://arxiv.org/pdf/1908.08847.pdf.

本章小结

作为世界男装产业的大本营，中国正处于一个大变革的时代。在内部，面临着人口红利下降、人口老龄化、高生产成本和突出的市场个性化需求等挑战；在外围，来自东南亚国家、欧美国家的竞争和市场入侵。目前，个性化、快速时尚、小批量、多品种、短交货期已成为市场的主流。为了保持中国男装行业的优势，如何建立快速反应的供应链体系，实现生产过程的数字化、智能化和网络化，成为企业转型升级的关键。

随着工业4.0的到来和基于物联网技术的云制造平台的应用，男装产业将从传统的劳动密集型向技术和资本密集型转变；中国男装企业应关注科技界快速发展的三大技术——人工智能、机器人和数字制造，这将重塑服装制造业的竞争格局。"人工智能技术"将在未来进入制造业，帮助人们进行设计、测试和制造，这将使大规模定制在制造业成为可能；如果人工智能、机器人和数字制造技术融入制造业，这必将是一场真正的"制造革命"。

中国男装四十年

1979—2021

第 2 部分

文化篇

改革开放以来，中国男装发生了翻天覆地的变化，一改中华人民共和国成立以来以中山装、列宁装等为典型代表的男装模式。从男装品类上看，新式西装、中山装、牛仔服、夹克、T恤、衬衫等逐渐流行起来；从男装形制上看，逐渐与西方接轨，更加强调舒适性与功能性；从男装文化上看，思想的解放，导致男装的中性化与多元化，深刻体现了时代强有力的变革。本章自外向内，分别从西装、中山服、牛仔服、夹克、T恤、衬衫五个重要的男装品类解析改革开放四十年来中国男装的变化。同时，重点分析造成其深刻变化的深层次因素，以期对改革开放以来中国男装文化嬗变进行全面系统的解析。

1 中国男式西服形制嬗变（1979～2021年）

　　男式西服，广义上是指"西式的""欧系的"服装；狭义上指西式上装或西式套装。西服作为出席社交场合主要的服装之一，不同的身份出席不同场合，对于西装款式选择以及细节搭配都有着不同的要求。针对改革开放以来中国男式西服变迁的问题，服装史学界已经有了一些研究成果，主要体现在以下三个方面：①通过男装的角度以及社会影响因素，研究了改革开放初期男装发展的特点，如张瑶瑶[1]、陈霞[2]等。②从经济学、服饰文化学的观点出发，分析了较多的改革开放后三十年服装发展的典型事例与数据，切入点比较新颖，如颜春[3]、张瑜[4]等。③通过社会学的角度，分析了服饰变迁的影响因素，如宋海帆[5]。不难看出，对于改革开放以来男式西服变迁的专题论述的研究呈现出碎片化、分散性的特点，缺乏一定的系统性，在其深度与广度上还有深入的必要。笔者认为，一方面，通过对其面料变迁、款式、色彩纹样等变化特点分析，总结出改革开放以来中国男式西服嬗变的趋势；另一方面，通过系统深入地分析其嬗变原因，更加清晰地了解影响中国男式西服发展的内外因素，促进其未来健康发展。

1.1　中国男式西服面料的变迁

　　面料是构成服饰美的决定性因素，不同的面料材质所呈现的服装效果总会让人焕然一新，同时面料也是衡量服饰是否高档的标准，随着西服制作工艺日趋成熟，面料的选择成为男式西服质量的重要指标。

---

❶ 张瑶瑶. 改革开放初期我国男装发展探究（1978～1989）［D］. 北京：北京服装学院，2018：23-29.
❷ 陈霞. 当代中国风格服饰探究［D］. 西安：西安美术学院，2015：10-17.
❸ 颜春. 中国服装三十年［D］. 北京：北京服装学院，2008：21-30.
❹ 张瑜. 改革开放后中国服饰变迁分析［D］. 武汉：武汉纺织大学，2016：19-26.
❺ 宋海帆. 社会学视野下20世纪70年代以来中国服饰变迁解析［D］. 成都：四川师范大学，2015.

1.1.1　纤维技术的发展使西服面料种类逐渐丰富

改革开放前，由于物质的匮乏，可选择的面料种类较少，大部分以棉为主，其具有吸湿性、保温性、耐热、耐碱性、卫生性等特点。毛料则作为判断服饰是否为高档的面料，因为毛料具有透气性、悬垂性、回弹率高、不易皱的优点。并且其外观给人的视觉感优雅高档。耐磨的腈纶、尼龙等化纤面料也深受大家欢迎。

改革开放后，随着纺织机器、纺纱技术的进步，面料的种类日益丰富，棉、毛、丝、麻等纺织品在这一时期飞速发展，一方面表现在新型时尚感织物的出现，另一方面随着人们审美的提高，减少了对毛蓝布、织锦缎等传统织物的运用。在棉型织物中，构成新型织物的主要方式有混纺、印花、色织等，如涤棉布、涤毛华达呢。在毛织物中，精纺织物创新的品类包含不同颜色的花呢、哔叽、华达呢、啥味呢等；粗纺织物中则出现了麦尔呢、海军呢、法兰绒、粗花呢等多种品类。丝绸材质在20世纪80年代后期至90年代初期成为主流❶。90年代，在面料的设计上逐步走向一个多元化的时代，出现了竹纤维、人造纤维、天然纤维等新科技面料引领了新的一代潮流。90年代中后期，男装在面料设计上脱离了传统单一的风格，融入了女性所喜爱的蕾丝、轻薄纱、提花的面料，将男性的力量美与柔性相结合。

21世纪，随着经济的高速增长，能源资源大量消耗产生的污染物，生态的退化、环境的污染问题成为人们关注的焦点，设计师在服装上追求绿色环保的面料。体现在以下两个方面：一方面传统的天然纤维织物仍受到消费者的酷爱；另一方面，通过科学技术和纤维组合成多成分织物，如棉加竹纤维、丝加绒、真丝加铜氨纤维、天丝纤维与其他纤维的重组等。面料的绿色化、多元化也是未来服装创新发展的一个大趋势❷。

1.1.2　针织工艺的创新带来新型面料

改革开放初期，西服面料经常采用传统的机织面料，因其具有较好的挺括性的优点，常被运用于各类服饰中。随着生活质量上的大飞跃，人们逐渐意识到服装的舒适性，追求个性化与时尚化相结合的服装，人们逐渐开始选择针织面料。针织技术的创新发展使西装不仅保持造型挺括、线条流畅的传统风格，也越来越符合人们的穿着需求，凭借其特殊的织物结构在服装中的使用率占比较大，因其具有良好的延展性，改

---

❶ 张瑶瑶. 改革开放初期我国男装发展探究（1978～1989）[D]. 北京：北京服装学院，2018：66.
❷ 姚桂珍，胡燕. 现代面料风格设计特征与设计方法探讨 [J]. 毛纺科技，2012，40（1）：61-64.

善了传统机织西服面料的舒适性，将针织逐渐向外衣化、正装化的领域扩展。由于西服面料需要挺括性及舒适性同时兼备，新型针织面料主要分为两种：棉涤西服面料和毛涤针织西服面料。

针织西服面料在创新新型面料时，主要依据原料本身的特性选择适合的后整理工艺，大体上分为两类：一是棉涤针织西服面料后整理，主要根据棉织物和涤纶织物的特性进行前处理、染色和后整理三大步骤。前处理工序包括：烧去织物表面的绒毛，用聚乙烯醇（PVA）或者其他混合浆料上浆，采用碱退浆进行退浆，用碱氧双漂工艺进行漂白，前处理工艺不做丝光处理，为了使面料呈现亚光效果，凸显其高档的质感；染色工序常用两浴法染料，先用分散染料染涤纶纤维，经过还原洗清后再用活性染料染棉纤维；后整理过程主要对面料进行抗皱免烫处理。二是毛涤针织西服面料后整理，流程主要分为光面和绒面两种，光面后整理工序包括：将坯布开幅进行洗水、柔顺处理、脱水、拉幅、烘呢、缩呢、定型、蒸呢、预缩、成品检验；绒面包括：脱水、开幅、缩绒、定型、预缩蒸呢、二次预缩、成品检验[1]。针织西服面料设计流程如图2-1所示，不难看出前处理与后整理的重要性。

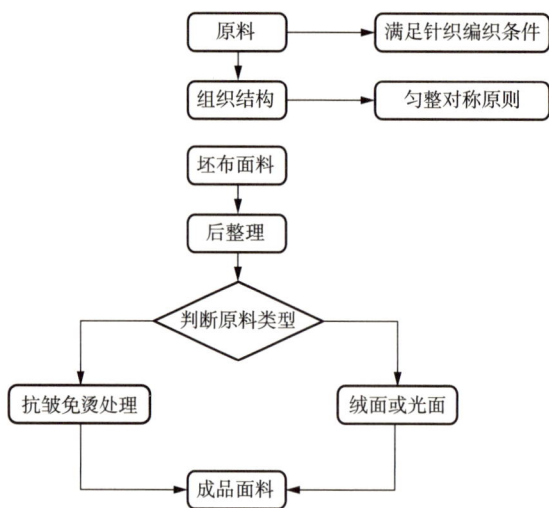

图2-1 针织西服面料设计流程示意图

1.2 中国男式西服款式的变迁

改革开放后，西服的款式不再停留在单一的宽松款式，其变迁大体表现在两方面：

---

[1] 李新彤. 针织西服面料的开发及性能评价研究 [D]. 无锡：江南大学，2020：8-12.

一是工艺手法根据当时的流行风貌也随之改变，人们追求舒适美观且松量适宜的穿着方式，因此出现了从宽松型逐渐向修身型的变化；二是由于人们审美方式的提高，西服的风格越来越多样化。

1.2.1 从宽松型向修身型转变

西装作为男士在各种场合的日常服装，在穿着场合和搭配方式的选择上也是讲究礼仪最多的服装。西装的款式特征为：青果领、平驳领或戗驳领；单排或双排扣；前片口袋左右各一个，袋型有双开线挖袋装袋盖、挖袋或贴袋等；左前片手巾袋；腰节处收省；下摆型圆角、方角或斜角等；背面开衩分为中开衩、明开衩、侧开衩或无开衩；袖克夫为圆装袖，袖口开衩处钉装饰扣❶。西装的变迁主要体现在细节上微妙的变化，分为以下六种：版型的松紧变化；驳头的宽窄、长短变化；腰节线的位置；纽扣的数量；口袋位置形状的变化；下摆形状的变化。西装根据中国服装行业发展、当下流行的元素以及消费者的喜好而随之改变。

改革开放前夕，西装并无固定样式，有直筒板型、收腰板型；有的有开袋、也有无袋。20世纪70年代末至80年代初，西装有一些细微的变化，腰部较为宽松，领子和驳头的大小适中，西裤为直筒型，这一时期的男西装风格复古中带有一丝浪漫的色彩。到80年代后期，平驳领两粒扣西装（图2-2）开始流行起来。90年代，男西装的廓型逐渐由宽松型过渡到修身型，面料工艺上从以往的厚重到轻薄，垫肩变薄，袖窿变小；西裤的臀围变小，立裆变短，裤口变窄。时髦的休闲服概念的传入，也为男装的一大流行。1993年戗驳领双排扣西装盛行（图2-3），1996年三粒扣或四粒扣西装流行起来

图2-2 平驳领两粒扣着装效果图及款式图（蒋萌绘）

---

❶ 吕志芹. 西装在中国的兴起与发展［J］. 科技资讯，2006（9）：220.

（图2-4）[1]。如今，西服兼具多种风格，如商务风格、休闲风格等，在设计上注重立体剪裁，修身的廓型，多为两粒扣，领子大小适中，经典且优雅。无论是出席商务、宴会、重要礼仪、婚礼等重要的场合，西装都是最佳着装的选择之一。

图2-3　戗驳领双排扣着装效果图及款式图（蒋萌绘）　　图2-4　平驳领三粒扣着装效果图及款式图（蒋萌绘）

1.2.2　从单一型向多元型转变

1978年，伴随十一届三中全会的召开，改革开放的劲风一朝刮起，带来人们思想上的解放，使中国人深埋几十年的爱美之心，开始在服饰上得以释放。军便服附加政治色彩的单一的服饰形制逐渐退出历史舞台。这一时期，西装、中山装、风衣、大衣、夹克、牛仔外套、T恤、喇叭裤等各种款式相继进入人们的视野，成为衣着"时髦"的代名词。

20世纪90年代，中国服饰形制对西方文化的吸收、消化、改造、创新，在服装上不再局限于单一的款式，出现个性化多样化的风格。男西服给人的印象突破了传统的单调刻板，出现了休闲、运动、舒适的风格。西装的板型也趋于个性化的修身造型，剪裁更干净利落，整体更具有设计感[2]。

21世纪，互联网的飞速发展加速了中西方文化的交流，设计师可以通过权威机构的发布、报纸杂志等各种途径来了解每年的流行趋势，而在服装设计上呈现多元化的审美方式。设计师将自己的文化底蕴及奇思妙想的创意表现在作品上，包含款式造型的设计、面料的选择、工艺的呈现方式等诸多方面。现代西服风格更多样化，包含经典风格、商务风格、运动休闲风格及时尚风格（图2-5）。经典风格是出席正式或者半

---

[1] 郑雪，王欣，赵方圆. 中式男西装款式的变革［J］. 辽宁丝绸，2011（4）：44，24.
[2] 蔡磊. 服饰与文化变迁［D］. 武汉：武汉大学，2005：17-19.

正式场合的男式礼服；商务风格是公务和商务中的西服套装；运动休闲风格是非正式场合日常穿着的西服；时尚风格是青年人追求中性化修身版西服❶。

（a）经典礼服　（b）商务西服　（c）休闲西服　（d）时尚西服

图2-5　现代男西服的多样化❷

综上所述，中国男式西服款式的发展从宽松型向修身型转变、从单一型向多元型转变有着深刻的历史、政治、经济及文化交流的原因。从历史政治的角度看，中国男式西服源于西方外来文化的涌入。20世纪80年代是改革开放的蓄力期，由于改革开放经济复苏，国门对外开放，人民的观念也随之改变，乐意接受外来新鲜事物，大量舶来的服饰文化冲击着国人穿衣审美的观念，大家开始注重自己的穿着打扮。其中，男性着装的变化相对来说变化小、款式少。"西装热"可以说在这一时期达到高潮，从中山装转变穿着西服，打破了过去陈旧思想下单调的服装款式，自上而下的全国普及，不存在年龄、社会阶层之分。由于在这个时期西装突然大量流行传播，人们对于西装的搭配方式的意识还比较浅薄，随心所欲的搭配随处可见❸。从经济与文化的角度看，20世纪90年代是改革开放的发力期，随着经济发展步入快车道以及人们生活水平的提高，中山装已经淡出人们的视野，取而代之的依旧是西装。自我认知和审美能力逐渐提高，从以往"盲目跟风"的心理到"追求个性张扬"，男性开始意识到不同着装在不同场合的重要性，对于西装款式的选择和搭配的方式都有着不同的要求。20世纪90年代中后期，国内西服名牌的大量涌入，各品牌从设计、板型、面料、工艺手法上各有

❶ 陈明艳，赵芹. 现代男西服风格演变及工艺特点［J］. 纺织学报，2015，36（10）：120-127.
❷ 图片来源：陈明艳，赵芹. 现代男西服风格演变及工艺特点［J］. 纺织学报，2015，36（10）：120-127.
❸ 张瑜. 改革开放后中国服饰变迁分析［D］. 武汉：武汉纺织大学，2016：19-26.

千秋，将传统西服与休闲西装同时并存，为各阶层消费者提供了更多的选择。21世纪是改革开放成果初步收获期，综合国力的不断提升，服装形式的个性化和多元化得到更多人的认可，中国西服迅猛发展，男西服产业的特点在于生产地域集中、品牌化和国际化，它的发展推动了国内整个服装行业的发展。

1.3 中国男式西服色彩纹样的变迁

色彩是构成服装设计的三大要素关键因素之一，能直接表达设计师内心情感，同时唤醒并激发使用者情绪的重要元素。随着时代的变迁，审美水平的改变，为了凸显自己独特的个性，男式西服的色彩元素也在不断地增多，不同的男士对西服色彩的需求都不同，男性的肤色、身材、年龄、个性、消费水平以及职业等都是被考虑的因素之一，然而服饰纹样的设计与色彩也是密不可分的，相呼应的。

1.3.1 从传统颜色向彩色转变

改革开放后，中国服饰颜色的变化丰富多彩、瞬息万变，颜色上不再局限于传统的不分性别的"老三色"（青年装、中山装、军便装的颜色）黑、灰、蓝，中性色如浅黄、浅灰色、白色、象牙色、咖色等颜色被大胆地运用在服饰设计上；另外，服装颜色的使用在季节上也有改变，春夏季喜好穿浅色系的服装；秋冬季喜好穿深色系的服装。如图2-6所示，分别为《人民画报》1981年第7期、1989年第7期，上至领导人，下至年轻人，都穿着西装，可以清晰地看出男式西装色彩种类多样。

（a）1981年代流行的咖色西装　　（b）1989年代流行的藏蓝色西装

图2-6 《人民画报》封面

20世纪90年代，男装开始趋于中性化，西装的板型开始变得修身，颜色上出现鲜艳的红、粉红，打破了传统沉闷的颜色，为男装增添了不少女性的柔和。21世纪，黑、白、灰、藏蓝仍作为西装中经典的色彩。出席各种各样正式场合如重要活动、会议、舞会一般会选用沉稳严谨的黑色、藏蓝色等，显得低调又极具感染力；灰色则作为都市男士会选择的色调，显得干练、成熟又平易近人。2009年秋冬，男装开始大胆运用亮色，正红色西装只能算是基本款。柠檬色、宝石蓝、荧光绿等大量鲜明的荧光色被大量运用，强烈直观的冲击视觉感，个性色彩被发挥到极致。在西装款式色彩的设计中，一再突破了常规的单调，通过色彩提升整体的视觉效果，大胆运用色彩，赋予西装全新化的理念和视觉体验。通过纯色、亮色，为刻板的西装增添独特的男士气度和魅力。例如，时尚男装杂志《时尚先生》2016年7月刊中，影视明星胡歌身穿以黑色调为主，左胸前以及口袋处拼接浅灰色的西装；2017年4月刊中，赵又廷身着简约印花色彩的西装；2018年5月刊中，杨洋身着酒红色西装搭配橙橘红印花领带（图2-7），可以看出21世纪的男装色彩极其丰富多彩。

（a）2016年流行的拼接西装　　　（b）2017年流行的印花西装　　　（c）2018年流行的酒红色西装

图2-7 《时尚先生》封面

1.3.2 从无纹样向有纹样转变

改革开放初期，服饰才刚刚与国际接轨，男西服的款式仅仅局限于单调色彩、无纹样或者简单格纹的阶段（图2-8）。随着流行色彩的变化，也带动了图案纹样的多样化，传统的植物纹样、动物纹样、汉字纹样、几何纹样等通过不同的工艺手法运用到服装上。

图2-8　20世纪80年代初期和90年代中期男式西服

　　卡宾延续了传统西装的款式和廓型，色彩上选用了经典的黑色、藏蓝色、浅灰色、咖色等，局部上点缀了白色花卉刺绣、黄与红相交的刺绣或印花图案等具有女性色彩的元素，为庄重严肃的男西装增添了不少女性的柔和（图2-9）。

图2-9　20世纪90年代后期卡宾男式西服

　　21世纪，男装的设计对中国本土元素的运用呈现多元化的发展趋势，设计作品都饱含着浓浓的爱国情怀。在中西结合的理念下，继承和弘扬传统文化并加以创新，将本土的纹样元素与时尚相结合，如曾凤飞——国内为数不多的中国风的奢侈男装品牌，遵循中国文化的设计路线，坚持以本土元素打造属于中国人的服装。在2015春夏发布会中，曾凤飞保持传统廓型和设计的大方向，加上科技创新带来的新面料——宋锦提花，在色彩和花纹图案的基础上带来了新的突破，将时尚与传统文化相结合（图2-10）。纹样的设计来源于故宫博物院，保留传统的补花和江河绣花的原型，重新创作，将流线、银光组合成具有现代感的图案，通过现代技术织出来，使纹样更加繁复多元化，打造全新的视觉效果。

图2-10 曾凤飞2015春夏发布会
（图片来源：武汉纺织大学服装学院刘勇工作室）

如裕大华1919·刘勇的2019春夏发布会中（图2-11），让经典的传统男西服与年轻化的街头元素相结合，改善了造型设计中的刻板和结构的局限因素，传承与创新相结合，传承百年经典、彰显工匠精神和塑造个性化形象，增加服装设计的文化内涵。本次作品在面料上使用了中华经典的丝绸面料及高品质的灯芯绒、涤棉、全棉平纹等面料，色调以蓝、黑色系为主色调，纹样的标志元素为樱花、鹦鹉，通过四方连续、六方连续、定位印花的工艺手法呈现，打破了西装的沉闷感。

图2-11 裕大华1919·刘勇的2019春夏发布会
（图片来源：武汉纺织大学服装学院刘勇工作室）

1.4 中国男式西服变迁的原因分析

改革开放从1978年到现在，服饰文化是最能直观体现时代变迁的印记，逐步从"穿得暖"到"穿得美"。随着中国经济的飞速发展，科学技术不断创新，生活水平逐渐提高，人们越来越重视服饰的选择，因此，男式西服在板型设计、色彩、面料、纹样、搭配上也不断变化，影响因素包括政治、经济的发展带动纺织技术的发展、思想上的开放、中外文化的相互交流等。

1.4.1 纺织技术的发展奠定了中国男式西服面料多样化的技术基础

早期中国服饰是以大工业生产为基础，男式西服只注重批量生产，缺乏对西装的款式、色彩、面料等方面时尚性的重视，导致男式西服的单一化❶。改革开放后，纺织技术的发展跨越了从量到质的飞跃，男式西服款式面料越来越多样化。这一时期也是纺织业发展速度最快的时期，中国的纺织工业有以下三个重大的变化，即从注重产量的发展到注重提高产品的质量；从提高生产速度、扩大生产范围到以经济效益和提高技术为主；从单一的到多样化的颜色纹样。随着新型面料、新工艺手法、新型机器和技术的大量运用和大范围推广，除了纺织产品的颜色、纹样大大增多，质量也有进一步提高。大量新型面料具有防皱、抗静电、防阻燃和涂层等的功能，将其运用到西服、运动服、夹克等服饰上，深受大家喜爱欢迎❷。

1.4.2 审美思想观念多元化是促进男式西服个性化发展的根本保障

改革开放后思想的开放，改变了单一化的着装模式。不同风格的服装款式接踵而来，令人眼花缭乱。20世纪80年代的"西装热"，最初人们的关注点可能只在服装款式上，大小不合适、皱巴巴、胡乱搭配的西装到处可见，人们只是一味盲目地效仿别人的穿着。领导的引领在服饰变迁的过程中扮演着重要的角色，上行下效是中国的传统模式。据说齐桓公喜好穿紫色的衣服，导致全国都开始流行紫色，而且紫帛的价格也因此抬升，齐桓公意识到问题后接受管仲的建议，"我讨厌紫草的味道"的消息一传开，就没人穿紫色的衣服了。

经济收入的增加生活条件也逐渐变好，人们也逐渐开始丰富自己的内心精神世界。服装在各个行业的发展中的成分占比越来越大，于是开始从思想根本上培养个性化发展，在学校增设服装设计专业。1982年，中央工艺美术学院（现清华大学美术学院）在全国第一所开设服装设计短期培训班；1983年，苏州丝绸工学院（现苏州大学）是第一所开设服装设计本科专业的高等院校；1988年，成立第一所以服装命名的院校北京服装学院；1986年举办了以服装设计为主的"金剪奖"服装设计大赛。通过专业性

---

❶ 魏振乾. 西装时尚化趋势：一种产业发展的视角 [J]. 南通纺织职业技术学院学报，2009（2）：49-53.
❷ 张瑶瑶. 改革开放初期我国男装发展探究（1978-1989）[D]. 北京：北京服装学院，2018：66.

质的培养，首先从教育方面推动服装行业的进一步发展。

到了20世纪90年代，人们对服装的需求开始追求与众不同，希望通过个性化的方式来吸引注意力，通过着装方式展现独特的一面。名牌的涌现服装也重新回归到商品的属性，慢慢盲目跟风的趋势渐渐褪去，在追求款式新颖的同时也会注意服装要适应身份、出席场合等。

21世纪，科学技术的进步影响到人类生活的方方面面，信息传播的速度更快、范围更广，也使服装流行趋势随之更新跟紧国际的步伐。这一时期的年轻人敢于打破常规，穿着属于自己个性化的服装，不在意异样的眼光，以此来标新立异，实现自我的独特价值，因此，设计师必须时刻跟紧时尚潮流的步伐，用更加专业的眼光迅速捕捉流行元素、色彩及面料等，然后进行创作。随着经济的不断增长，人们对服装的需求也不断变化，不再拘泥于本土品牌和设计，甚至成为奢侈品牌的主要消费客户。在这样的冲击下，推动了国内本土品牌的国际化，让中国本土的品牌逐步登上国际舞台❶。

1.4.3　中外服饰设计的交流是刺激中国男式西服多元化发展的重要因素

改革开放后的中西文化交流相比以前的不同之处在于受到政府的指引支持，更为积极主动地去借鉴吸收并创新服饰文化。人们对服饰多样化的渴望表现得极为强烈，大量的西方服饰开始进入中国市场，从款式到颜色纹样到品类种类丰富，让国人眼前一亮。各国之间文化的相互碰撞交流带动了中国服饰朝更好的趋势发展。

20世纪80年代初期，时装界著名的设计师皮尔·卡丹、伊夫·圣·洛朗接连在北京、上海举办国内首次时装发布会，传播自己的服装设计理念，并与大家相互交流学习服饰设计。当时国人对服装的认知还处于一个懵懂的阶段，对外交流让我们认识到自己的不足之处，面对全新的服饰文化理念和模式引发了国人的思考，是一个新的挑战。中国除了引进外来服饰文化，也主动将自己的文化带上国际。80年代中期，中国代表团将国内96件服饰作品带上第50届巴黎国际成衣博览会，中外文化交流在服饰发展上起到至关重要的作用，西式服饰的涌入对我国传统的服饰文化造成了极大的影响❷。

1993年，经过对外贸易经济合作部（现为中华人民共和国商务部）和纺织工业部（现为中国纺织工业联合会）的批准，中国国际服饰博览会于北京诞生，英文称CHIC。中国第一次国际性质的服装博览会，想通过这样树立高水平、高标准、高质量的国际

❶ 张瑜. 改革开放后中国服饰变迁分析［D］. 武汉：武汉纺织大学，2016：45-51.
❷ 张瑶瑶. 改革开放初期我国男装发展探究（1978-1989）［D］. 北京：北京服装学院，2018：67.

化的服装形象，邀请了皮尔·卡丹、瓦伦蒂诺和费雷三位服装行业的巨头坐镇，美国有线电视网CNN拍摄了10多分钟有关CHIC的宣传片，并向全球142个国家2.3亿个家庭播放，美国之音从华盛顿长途采访CHIC一个多小时。中外文化的亲密交流带动了服装行业朝多元化发展❶。

2001年，中国加入世界贸易组织开始走上国际融入全球化经济中，互联网的发展让世界之间的信息传播更加便利，各国的民族特色相互借鉴相互融合，服装设计不仅要跟紧时尚潮流的步伐，更要带有民族色彩。随着世界流行趋势机构的发布、文化之间的交流，人们审美眼光和着装标准的改变，服饰也越来越趋于国际化的标准。世界各国的频繁交流，越来越多的时尚元素融入中国服饰文化中，中国的传统纹样、服饰也越来越被各国所接受和运用。

1.5 结语

改革开放以来，人们生活的方方面面都在发生着巨大的改变，服饰的变化是最直观的体现，从最根源处探究改革开放后我国男装的发展，男式西服是其中最具有代表性的服饰之一。20世纪80年代初期，不分性别穿着的西服大街小巷随处可见。随着时代变迁，一方面，西服作为出席正式的礼仪场合及身份象征的服饰；另一方面，西服的款式、面料、色彩纹样更加丰富。随着当今文化和经济的快节奏发展，潮流的多元化，在男式西服的设计上中西融合。通过对改革开放初期男式西服形制嬗变的深入研究，有助于了解男装发展与社会各因素之间的关系。

---

❶ 颜春. 中国服装三十年［D］北京：北京服装学院，2008：29.

2 中国中山服嬗变分析（1979～2021年）

　　中山服，作为中国男装中具有代表性且不可取代的"国服"，由孙中山先生亲自设计并倡导，在吸取西式剪裁手法的基础上融合中国文化的元素，追求合体、简约、端庄，能够体现出国民的内敛、含蓄、谦和的气质❶，是具有鲜明的地域特色和民族特色的中式礼服。针对改革开放以来中国男式中山服嬗变的问题，服装史学界已经有了一些研究成果，主要体现在以下三个方面：①从服饰文化学的视角出发，分析了20世纪以来不同时期的服饰变迁，从政治、经济、文化、审美等方面探讨了对服饰产生的影响，其中有关改革开放后中山服的流行与演变做了简单的阐述，如蔡磊❷、潘敏❸；②从中山服的形制特征出发，对中山服如何诞生、流行和普及做了简单的梳理，尤其分析了中国传统文化性格与中山服形制特征之间的联系，如李当岐、孙素叶❹；③从中山服创新性设计的角度，对中山服精神层面与物质层面进行交叉研究，探究了中山服这一民族服饰的过去、现在和未来，让中山服的创新设计更富有文化价值，如刘静静❺。由此可知，以往学者对于中山服的研究集中在历史背景、文化内涵以及审美性上，针对改革开放以来中国男式中山服嬗变的专题论述的研究还不够完善，缺乏一定系统的理论体系，整体呈现出碎片化、分散性的特点，在其深度与广度上还有深入的必要。笔者认为，一方面，通过对中山服形制上的深入研究，总结出改革开放以来中国男式中山服嬗变的大趋势；另一方面，通过系统深入地分析导致其形制微妙变化的原因，更加清晰地了解影响中国男式中山服嬗变的因素，以及对于标准的中山服有一定清晰的认知，对未来创新设计具有一定的参考价值。

❶ 胡波. 中山装：一个时代生命的符号［M］. 广州：广东人民出版社，2008：97.
❷ 蔡磊. 服饰与文化变迁——以20世纪以来中国服饰为例［D］. 武汉：武汉大学，2005：16-20.
❸ 潘敏. 20世纪50年代以来中国服饰的发展与演变［J］. 文史杂志，2002（1）：48-51.
❹ 李当岐，孙素叶. 漫谈"国服"——中山装［J］. 美术观察，2006（3）：13-16.
❺ 刘静静. 中山装的变迁、特征及创新性研究［D］. 长沙：湖南师范大学，2011.

2.1 中山服的形制特征与象征意义

中山服是中国最具有代表性的男装之一，也是最具政治色彩的服装形制。中山服在形制特征上具有属于改良后的西装，而在象征意义上不仅具有时代民主思想的特征，同时也是中国文人传统思想的体现。

2.1.1 中山服的形制特征

从中山服款式上来看，廓型挺括，质地平整光滑，前门襟对开，前片上下左右对称有四个贴袋，下摆为直角，衣身三开片，后片为一片（图2-12）。通过其对称严谨的结构，使中山服在外观上既有西方的简约大方，同时又符合中国人谦和、沉稳、庄重的气质，突显出东方均衡的美感❶。从衣领的形态来看，封闭式八字形小翻领，领子既要挺拔又要贴合自然、松紧适度，有纪风扣，起到挡风保暖的作用。从口袋来看，标准的中山服上面两个小衣袋为平贴袋，底角呈圆弧形，胸袋的兜盖必须和第二粒扣子持平，下面两个大口袋是老虎袋，其设计是为了便于携带学习物品、工作笔记本等日常用品，底袋的兜盖也必须与最后一粒扣子持平，口袋的设计可根据衣服型号调整大小、袋中所存放物品多少而涨缩。从口袋盖来看，四个口袋各有软袋盖及一粒明扣，袋盖中间弧形尖出，两边的弧形呈倒山字形笔架式，灵感来源于文人常用的毛笔架，称为"笔架盖"，左上袋盖靠内侧处留有3厘米的插笔口，下袋盖为长方形。从审美的

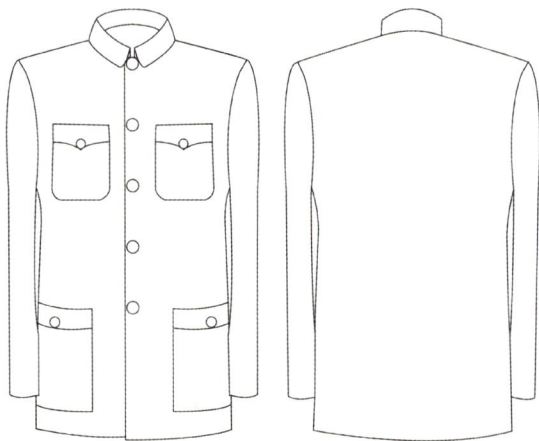

图2-12 中山服形制示意图

---

❶ 刘静静. 中山装的变迁、特征及创新性研究［D］. 长沙：湖南师范大学，2011：22-23.

角度来看，弧形袋盖的设计更柔和，避免直线条的中山服给人带来的生硬的视觉感。从袖子来看，中山服袖子的造型与西服有相似之处，不同之处在于西服有四粒装饰扣，有假扣眼，中山服袖口部位只有三粒装饰扣，无扣眼，蕴涵着传统文化中"三多九如"的吉祥寓意。从前后片来看，后面为一整片，不破缝，前面为左右两个裁片，在剪裁上有区别于西服，西服后片为中间开缝，前片加两侧共四个裁片。工艺制作上，中山服相较西服更为简便。

中山服在不同的场合选用的颜色也不同，作为礼服出席正式场合有深蓝、深灰色、黑色等庄重沉稳的深色；而作为便服去非正式的场合则色彩不必过于浓重，可选用驼色、白色、米黄色等鲜明活泼的颜色❶。从中山服材质上来看，中山服对于面料的选择是非常讲究的，分为以下两种：作为礼服用的中山服面料一般选用纯毛华达呢、双面华达呢、丝毛花呢、驼丝锦、麦尔登、海军呢、双面哔叽、天然呢绒等，其面料的特点是质地厚实、触感光滑、光泽柔和，使中山服外观给人沉稳庄重的视觉感。作为便服用的中山服面料其选择性相对礼服来说比较灵活，既有传统的棉布、卡其、华达呢、化纤织物及混纺毛织物等面料，也有现代流行的涤卡、香云纱及功能性的可机洗羊毛面料、水洗布等。

2.1.2 中山服的象征意义

中山服融合了中华民族的传统文化和时代精神，是根据《易经》、周礼礼仪寓意其精神意义（图2-13）。①衣领定为翻领封闭式，表示严谨的治国理念。②前片的四个口袋象征国之四维，即"礼、义、廉、耻"四大美德，口袋盖为倒笔架，蕴含着以文治国的理念，其口袋上的四粒纽扣表示人民拥有的"选举、创制、罢免、复决"四权民主权利。③对襟的五粒纽扣则表示区别于西方三权分立的五权宪法，即"行政权、立法权、司法权、考试权、监察权"，以及中华民族的道德准则"仁、义、礼、智、信"。④左右袖口的三粒纽扣代表他所创立的"民族、民权、民生"的三民主义政治纲领和共和的理念"平等、自由、博爱"。⑤后背不破缝表示国家和平统一之大义。因此，可以看出中山服背后的革命性、民族性，承载着一种文化，一种礼仪，通过服饰向人民传达民族自豪感。

---

❶ 宋德风，王洁. 民国男子服饰及色彩研究价值［J］. 流行色，2020（11）：13-14.

后背不破缝，表示国家和平
统一之大义

倒山字形"笔架盖象征崇文
兴教"

四个口袋寓意"礼、义、
廉、耻"四大美德

五粒扣代表"行政、立法、司
法、考试、监察"五权宪法

口袋上的四粒扣表示人
民拥有的"选举、罢免、
创制、复决"的四权

袖口上的三粒扣表示"民族、
民生、民权"的三民主义

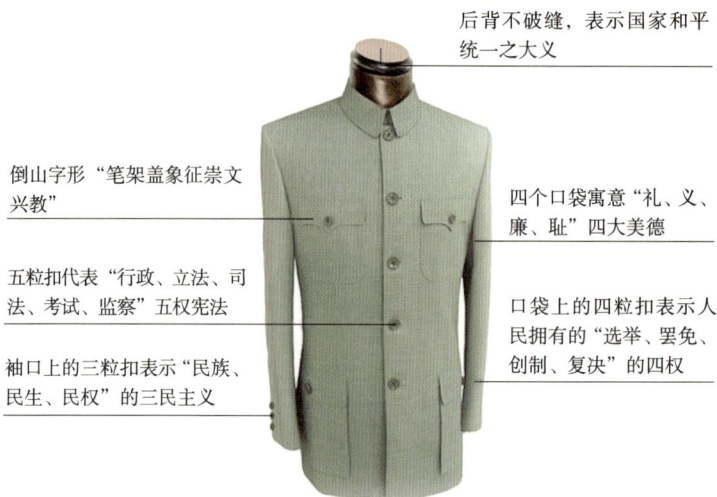

图2-13 中山服的象征意义 ❶

2.2 改革开放以来中山服嬗变分析

改革开放后，中山服从遭遇"冷漠"到逐渐复苏，也是时尚变迁过程中一种正常
的现象，如今随着综合国力增强，民族自信心的复苏，中山服又被赋予新的文化内涵，
逐渐被大众所接受和喜爱。将中山服以崭新姿态展现在人们眼前的同时，在其形制上
逐渐丧失本有的服饰风格，通过改良创新的设计，使新式中山服重回日常生活。

2.2.1 改革开放以来新式中山服在形制上逐渐丧失其风格

改革开放前，中山服作为中国男装中标志性的服饰，在形制上已经基本定型，其
外观风格上给人一种既简洁又富有理性庄严的美感。后来为了适应当时人们社会生活
上的需要，中山服逐渐延伸发展成"人民装""青年装""军便装"，人们在日常生活中
或者国家领导人参加重要国际会议、接待、视察、访问都会穿着中山服。

改革开放后，新事物不断涌入中国，在一定程度上影响着人们的穿着方式，让封
闭已久的国人见识了世界的新面貌，然而中山服千篇一律单一刻板的服饰风格不再能
满足人们的审美需求。随着人们审美眼光的变化开始追求个性化的服装形式，"西服热"
的普遍流行使中山服逐渐丧失了原来的主流地位，中山服开始退出曾经一度垄断男性
服饰的行列。20世纪80年代后期，中山服重回人们视野，但不再是男性日常的主流服

---

❶ 图片来源：武晓媛. 论当今国服设计的价值理想［D］. 上海：上海戏剧学院，2013：13.

饰，而是作为礼服，它所承载的中国传统文化理念和精神深深扎根于国人心中。90年代初，中山服除了领导出国访问、出席重要会议时会穿着以外，在公共场合已经很少见到中山服的身影。

　　21世纪，随着中国综合国力的提升以及经济的飞速发展，中国服饰融合了中西文化，朝着个性化和多元化的方向发展。为了顺应时代潮流的发展，设计师在中山服上融入新的设计元素，在符合现代男性生活方式和审美眼光下进行创新设计出新式中山服，然而，将中山服时尚化的同时，很容易丧失中山服原有服饰形制。华人礼服作为国内唯一一家包含批量生产、量身定做以及服饰文化展现的中山服制作公司，为了满足客户个性化、多元化的需求，还开拓了国服型、礼服型等风格的新式中山服（图2-14），在传统款式的基础上有所改良创新，其形似中山服，却又不同于以往的中山服，对中山服的关键部位进行了改良，保留了中式服装的传统形制，又融合了西服以及现代某些元素，放弃了中山装的翻领、风纪扣、明扣、后片不破缝等，领子是微敞开的立领，前片的四个口袋改为三个，只有左胸袋，无袋盖，饰帕巾。

图2-14　华人礼服推出的国服型、礼服型系列中山服

2.2.2　改革开放以来新式中山服逐渐演变成中国本土西服

　　改革开放后，中国男式中山服的发展如同万物生长的周期一样，经历了从以往的辉煌时期到逐渐衰落，再到如今逐渐复兴，在这个多元化个性化的时代，处于民族和文化复兴的背景下，中山服作为我国本土服饰的象征符号，在其形式上不应该追求一味模仿，应该超越一种"神似"的范畴。在传承文化内涵的同时，不断进行推陈出新❶，新式中山服给人留下的应该是文化的印记、文化的精神，且符合当下的时尚和精

❶ 武晓媛. 论当今国服设计的价值理想［D］. 上海：上海戏剧学院，2013：23.

神风貌，成为代表中国国家形象、民族文化的本土服饰。

新式中山服的改良主要体现在款式细节的变化，集中在领型、腰身以及口袋的设计上。①领型的西化，2004年柒牌男装在中山服的基础上进行了本土西服的改良设计（图2-15），"中华立领"系列的诞生，掀起了一股时尚风潮，邀请国际知名明星李连杰代言，再加上刘德华、谢霆锋等明星效应，"中华立领"迅速被大家所熟知。柒牌男装着力于在传统中华立领的基础上进行变化，与现在的西服领型相融合，推出一系列新式立领。②腰身的西化，在男式礼服的设计中，从以往传统中山服到如今改良的新式中山服，突破了传统的单调刻板，其腰身如同西式的礼服腰部线条更加贴合身体（图2-16），从而凸显肩部线条更加硬朗，改良的中山服在前面两侧加上两个胸腰省道，使其更趋于个性化的修身造型。

图2-15　新式中山服立领❶

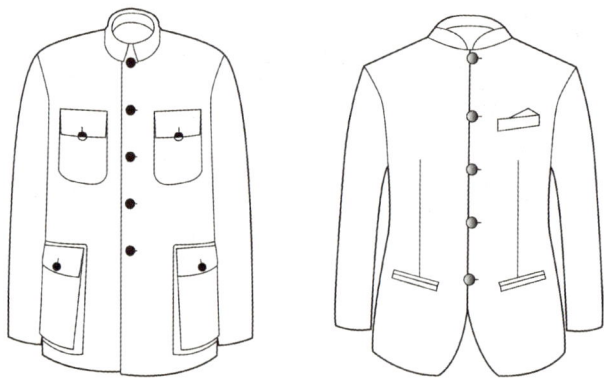

图2-16　传统中山服与新式中华立领西服❷

2.3　改革开放以来中山服式微的原因分析

改革开放四十年，中山服的变化主要体现在款式细节、面料色彩及工艺制作等方

---

❶ 图片来源：武晓媛. 论当今国服设计的价值理想［D］. 上海：上海戏剧学院，2013：37.
❷ 图片来源：武晓媛. 论当今国服设计的价值理想［D］. 上海：上海戏剧学院，2013：23.

面，增加了中山服的品类和适用性，使其更加符合大众审美且更具功能性。造成男式中山服式微的原因主要有：审美的单一性、象征性的减弱，以及场域的逐渐消失等方面。

2.3.1　中山服形制的单一性是其式微的审美因素

改革开放后，大量舶来的服饰文化冲击着国人穿衣审美的观念，大家开始注重自己服饰的多样性和审美价值，曾一度被称为"国服"且引以为豪的中山服逐渐退出历史舞台，在中国男装中首次成为一个配角。中山服淡出大众视野是一件令人尴尬又为之感到遗憾的事情，其原因也是多元的、复杂的，款式设计的单一化、缺少变化，在个性化的时代背景下让人视觉审美上感到疲劳❶，所以中山装的衰落就成了这一时期的必然现象。

到了 21 世纪，随着我国国际地位、经济地位的提高和政治的包容，带动了服饰更进一步的发展，在倡导个性化和多元化的背景下，现代服装设计中"中山服的身影"又重新出现，可以说是代表了一种文化的复兴，中山服背后所蕴含的民族精神和价值并没有消失，而是以一种新的意识形态存在于国人心中，深深影响的服饰的发展。然而，如今的审美习惯又发生了变化，中山服以往单一性的审美已经不再符合潮流的发展。例如，2006 年 3 月东华大学举办了全国首届以"我心中的国服"为主题的服装设计比赛，国内很多一流服装设计院校的学生都积极参与了比赛，出乎意料的是最终收到的 70 多份作品中没有旗袍、中山服相关的设计，所投作品全部是潮流时装，为什么会有这样的现状？其中获奖的一位年轻选手说道："国服中的设计元素应该是发散性多元的，而传统的服装在形制上太过于单一了。"只有不断创新且符合当今审美，才能使中山服与时俱进。

2.3.2　中山服象征性的减弱是其式微的文化因素

改革开放后，随着时代的变迁，中山服形制上的改革，其本身不再附有政治寓意，更多的是其所蕴含的礼仪和文化的含义。如今人们可以自由地通过服饰来展现自我个性化，实现自我的独特价值。中山服将被"新式中山服"所取代，使其符合时代美学的同时也具有实用的功能性❷，中山服只是作为一种代表中华民族的文化进行传播，用于出席重要会议、外交场合代表中华民族形象及精神象征的服饰。

---

❶ 伍燕超. 中山装的发展演变探究［D］. 北京：北京服装学院，2019：64-65.
❷ 武晓媛. 论当今国服设计的价值理想［D］. 上海：上海戏剧学院，2013：4.

2.3.3 中山服场域的逐渐消失是其式微的影响因素

科学技术的飞速发展，同时服装行业迎来了巨大的挑战。尤其是改革开放以后，纺织技术、设备以及生产理念等不断地创新，从以往的手工业逐渐向机械化生产转化，大大推动了服饰行业的发展。如今，在纺织生产和出口方面，中国已经逐渐发展成大国，我国服装行业的男装行业的竞争也比较激烈，但是国内较为知名的品牌都是以西服和休闲服饰为主，且逐渐形成了属于自己的规模，如劲霸、罗蒙、雅戈尔、利郎、七匹狼、报喜鸟等占据了男装绝大部分市场。然而，专注做中山服品牌则少之又少❶，加上传统中山服的制作工艺比较复杂，一套中山服大致四十道工序，大致分为量体、裁剪、试样、定制、缝制、检验六个环节，并且全套工艺由一位裁缝负责，这就要求他们对于缝制步骤样样精通，因此能掌握中山服的裁缝也逐渐变少。而且，如果大批量生产一不留神很容易造成次品，这无形中也增加了投资成本，男装品牌宁愿选择更适合大批量生产的西服、休闲服等，这些都对中山服场域的发展造成了一定的障碍。

2.4 结语

中山服作为特定时代的特定产物，具有特定的历史意义和文化内涵，曾一度被人们作为男装中的主流服饰以及被称为"国服"，随着改革开放，思想上的解放，外来服饰开阔了人们的眼界，人们开始穿着个性化、多样化的服饰。"西服热"现象方兴未艾之时，中山服款式的单一化使其淡出大众视野是一件必然的现象，其背后的原因也是多元的、复杂的。随着中华民族在世界舞台上扮演越来越重要的角色，民族自信心的回归，中山服这一曾经有着辉煌历史的中华民族服饰又重新回到我们的生活，中山服不仅是一种服饰，更是以一种文化、一种民族精神的形式存在。本章通过对中山服的形制特征与象征意义进行详尽的研究，系统深入地分析了改革开放以来，中山服从逐渐丧失其风格到逐渐演变成中国本土西服，并且从审美的单一性、象征性的减弱，以及场域的逐渐消失这几方面深挖了影响中山服式微的原因。如今，中山服如何在注入中华民族伟大文化思想的同时，在款式、面料以及风格上进行创新突破，如何紧跟时代潮流，使其符合当代审美思想，是一件非常值得深思的问题。

---

❶ 刘静静. 中山装的变迁、特征及创新性研究［D］. 长沙：湖南师范大学，2011：45.

3　中国男式牛仔服变迁（1979～2021年）

牛仔服是大众衣橱中常见的时尚单品，它具有的百搭、耐穿的特殊性质，深受大众的喜爱。牛仔服装起源于18世纪50年代，它是美国"淘金热"中矿工对于服装耐磨性特殊要求的体现。Levi's品牌的创建者李维·斯特劳斯（Levi Strauss）将滞销的帆布做成裤子卖给当时的淘金矿工，由于帆布制成的裤子比普通裤子更结实耐用，很快销售一空[1]。自此以后，牛仔服逐渐开始向庞大的服装品类发展。

牛仔服装随着改革开放的热潮涌入中国市场，经过四十年的发展，男式牛仔服形成一个庞大的衣类。从非正式场合穿着的休闲装，到现在的商务男装领域，都不乏牛仔服的踪影。针对男式牛仔服变迁问题，服装史学界已经取得了一些有益的成果，主要体现在以下两个方面：①从男式牛仔服某一品类进行分析，如郭雷从牛仔裤款式出发，考查改革开放以来中国男式牛仔裤变迁[2]。②从整个牛仔服饰或中国牛仔服饰的角度，审视中国牛仔服饰的变迁。例如，万陈裕对牛仔服饰的历史进行解读，分析其流行的规律，以求创立本土化牛仔服装品牌[3]。又如，张瑜以《人民画报》封面人物的穿着探究四十年来的服饰的变迁，当然这里面包括中国男式牛仔服饰变迁的部分内容。由此可知，目前对于中国男式牛仔服变迁研究的深度与广度明显不够，还需要在中国男式牛仔服的面料与设计的变迁及造成其变迁的因素两方面展开系统而深入的研究。

3.1　中国男式牛仔服面料的变迁

1978年以后，随着市场对于牛仔服的需求量越来越大，对牛仔服装的整体设计款式以及质量同样提出了更高的要求，因此牛仔布生产企业根据市场需求的变化，研发

---

[1] 宋星宇. 牛仔服装本土化设计研究［D］. 杭州：浙江理工大学，2019：7.
[2] 郭雷. 男装牛仔裤款式设计探究［D］. 西安：西安工程大学，2011.
[3] 陈晓玲. 牛仔服的发展历史及刺激因素分析［J］. 天津纺织科技，2005，26（1）：9-12.

出了许多花色牛仔布，用以提升穿着舒适度，满足更多的设计需求。但各种牛仔服的开发与创新都需要以牛仔纱线和织物结构的创新为依托，因此牛仔纱线和织物结构的技术创新与质量提升是开发新颖牛仔布的重要前提。

3.1.1　牛仔布纱线从传统纱线向新型纱线转变

最早牛仔服为了满足淘金矿工的工作需求，需要具有耐磨性特点的服装，但是随着时代的变迁，牛仔服从工作服时期向时尚服装转变，牛仔服装成为潮流人士的必备单品，各大品牌也都推出代表品牌自身的牛仔单品。在市场扩大以及时尚需求的产生中，最早的传统牛仔面料已经无法满足牛仔服装的制作以及市场的需求，因此急需对牛仔布进行改良，这就需要从纱线部分着手，新型纱线要满足消费者的个性化需求、多样化需求更要保证穿着的舒适并且拥有一定的功能性，因此进行了新型纱线的研究。

1978年以后，中国牛仔布用纱线的多样化要求由单一的耐用型向舒适型、柔软型、竹节型、功能型、爽感型转变，满足消费者的多种需求及对于不同场景的穿着需求，扩大牛仔服装的市场。在纱线制作中采用高支/超高支多股并合纱线，舒适与舒身相结合的弹力纱线、凉爽透气的纱线等，提升消费者在穿着牛仔服装时的舒适度，既满足了时尚需求又满足了舒适感需求。在满足多种功能的同时，个性化的需求同样很重要，设计开发了视觉异化纱线、可控竹节纱线、异回弹纱线等，这些纱线最终要与织造技术、印染技术、缝缝技术等进行有机结合，体现在面料甚至服装上，满足消费者对于服装的个性化要求。现代牛仔布用纱已经突破了传统纱线模式，在未来也将会有更新的突破，随着市场的发展能时刻创新保持活力的同时，保持在传统产品的基础上进行不断创新，是中国牛仔布纱线永葆活力的保障❶。

3.1.2　牛仔布织物结构从斜纹组织向复杂组织结构转变

传统的牛仔面料是以机织为主，经线先染成深蓝色，后来又有了酱色、黑色等颜色，再与本色纬线交织成"二上一下"或"三上一下"的单面左或右斜纹组织，或是"二上二下""三上三下"的双面左或右斜纹组织（图2-17）。

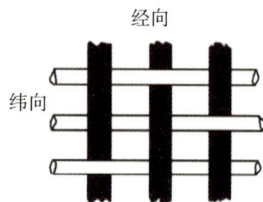

图2-17　典型牛仔织物组织结构特点❷

---

❶ 程隆棣. 新型牛仔布用纱技术与纱线产品［J］. 纺织导报，2010，29（10）：34-35.
❷ 图片来源：周蛟. 全棉牛仔布的织物结构对其保型性研究［D］. 杭州：浙江理工大学，2010：5.

如图1-20所示为典型牛仔面料的结构图，就其宏观构成来说可分为两个部分：经向构成和纬向构成❶。最初，织物结构也大多以平纹、斜纹、人字纹为主，如图2-18～图2-20所示。1978年以后，服装材料日益丰富，品类多样化，牛仔面料也从最初的棉、毛、丝、麻走向高端化、时尚化。20世纪90年代，黏棉牛仔布风靡市场，棉麻、棉涤也深受大众的喜爱，但是90年代中期以后，Tencel纤维（天丝）、Modal纤维（莫代尔）、Lycra纤维（莱卡）、PBT纤维（聚对苯二甲酸丁二酯纤维）、T400复合纤维（新型弹力复合纤维）、Coolmax纤维等新型纤维的运用丰富了牛仔布的种类❷。

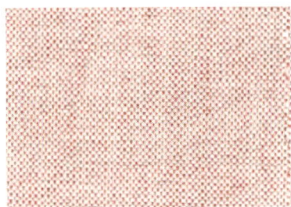
图2-18 平纹

图2-19 斜纹

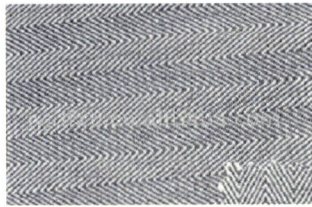
图2-20 人字纹

步入21世纪以后，科技所带来的是牛仔面料织物组织越来越复杂、种类越来越多。如图2-21、图2-22所示分别为两种牛仔织物组织图。

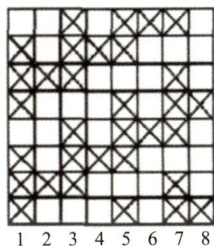
图2-21 1上1下+3上1下斜纹的组织图❸

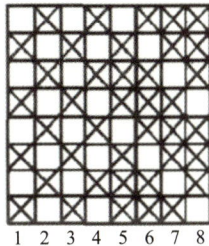
图2-22 经二重织物的组织图❹

为了拓宽牛仔面料的品种，有的企业推出斜纹变化组织，以斜纹为主题的斜纹联合组织、复杂组织等。在传统斜纹的基础上，各种变化织纹使布面层次感强，肌理丰富。如宽窄条的人字纹、凸起的条纹、凹凸感强的菱形织纹和各式花形的小提花等，

❶ 周蛟. 全棉牛仔布的织物结构对其保型性研究［D］. 杭州：浙江理工大学，2010：5.
❷ 李竹君. 牛仔布系列新产品开发及其生产工艺［D］. 苏州：苏州大学，2008：3-4.
❸ 图片来源：吴湘济，朱彦，朱玮娜. 牛仔服面料的流行趋势及其设计［J］. 上海工程技术大学学报，2009，23（1）：78-83.
❹ 图片来源：吴湘济，朱彦，朱玮娜. 牛仔服面料的流行趋势及其设计［J］. 上海工程技术大学学报，2009，23（1）：78-85.

如图2-23～图2-25所示为新型织物组织成品图样。近几年还有企业开发了针织物及特殊织造方法的牛仔面料。

图2-23　竹节纹　　　　　　　图2-24　暗纹　　　　　　　图2-25　植绒

由于市场的需求，采用各种提花组织，也可以点缀各种花样纱线，还可以利用各种色经纱、色纬纱的交织在织物的表面形成花纹、条形等效应，使织物单一的板面生动、活泼，同时又不失牛仔织物原有的外观风格，是牛仔布产品开发的一个新亮点。随着纺织技术的发展，基于消费者的需求，牛仔布生产商也从原料纱线以及织物组织结构、花型等方面进行创新并调整合理的工艺参数，开发新的花式牛仔面料❶。

3.2　中国男式牛仔服款式的变迁

男式牛仔服在中国经过四十年蓬勃发展，牛仔服装产业已经形成了产业集聚，在牛仔服装的设计、生产、销售方面具有相当的能力。目前，男式牛仔服品类包括牛仔裤、牛仔夹克、牛仔裙以及牛仔衬衫等，几乎所有服装品类都可以使用丹宁面料进行制作，其中牛仔服装在设计上考虑的因素也是多元化的，在款式、色彩、纹样上都随着科技的发展、审美的进步有所变化。在社会影响方面，对于牛仔服装的流行，接受能力较强的年轻人很快适应牛仔服装所带来的风格的变迁，但是仍然有保守人士难以接受，对此，也产生了强烈的社会话题讨论。

3.2.1　牛仔裤从单一款式向多元款式发展

牛仔裤是改革开放之初最早进入中国的国际流行裤式，石磨水洗加工后的牛仔裤被认为是时尚的象征❷，当时年轻人对牛仔裤的喜爱甚至到了痴迷的程度。1979年，国

---

❶ 王秋红，李淳，杨静宇. 花式牛仔产品设计及生产工艺的开发［J］. 大连轻工业学院学报，2002，22（4）：308-310.

❷ 于丹. 建国后至20世纪初中国服饰流行的研究［D］. 长春：东北师范大学，2012：22.

内电视台开始播美国电视连续剧《大西洋底来的人》，其中男主角麦克戴着蛤蟆镜，穿着上窄下宽的喇叭牛仔裤，这根"从大西洋飘来的木头"引领了中国年轻人的潮流，成了大家模仿的对象。在20世纪80年代中期，市场经济迅速发展，人们对于牛仔裤的追捧使服装企业纷纷迎合大众在牛仔裤制作工艺上追求独特、多样，这时的牛仔裤被故意撕破、裂口、破洞、毛边，但是款式形制还是以A型为主。进入90年代，科技高速发展促进了牛仔服的制作工艺水平大大提高，加之国际化牛仔裤传播至今已经具备了较为完善的裤型结构，也开始出现了直筒的裤型，其表现为腰围线、臀围线两者尺寸差最小，这种裤型使着装者看起来稳健、修长，人们也开始注重环保以及追求原色牛仔裤的质感，牛仔裤的潮流趋于纯正、朴实。

21世纪以后，消费者对于服装所体现出的身材要求越来越高，因此服装企业根据消费者不同的需求，区分消费者需求的异质性，进一步对牛仔裤型进行研究。国内男装品牌也将牛仔裤从休闲裤品类中分离出来，并且成为极具竞争的服装品类，款式版型也多种多样，如喇叭裤、萝卜裤、阔腿裤、直筒裤等❶。综上所述，近四十年来，中西方牛仔裤款式的变化存在着一个发展的共性，即从单一款式向多元款式发展的趋势。目前，中西方男式牛仔裤的整体造型通常有三种类型，分别为H型、Y型、A型，见表2-1。

表2-1 当代牛仔的裤型款式

裤型	H型	Y型	A型
名称	直筒裤	锥形裤/小脚裤	喇叭裤/阔腿裤
整体特征	整体呈一条直线；裤口与膝盖处一样款	整体裤管从上到下慢慢变窄	裤腿呈喇叭状；中、低腰短裆；紧裹臀部；裤腿上窄下宽，从膝盖下逐渐张开，裤口尺寸大于膝盖尺寸，呈喇叭状
穿着效果	显得身体修长	凸显身体的轮廓美	显得身材婀娜多姿以及视觉上缩小腿部宽度
图片参考			

❶ 郭雷. 男装牛仔裤款式设计探究［D］. 西安：西安工程大学，2011：19.

虽然，中西方牛仔裤款式由单一款式向多元款式发展，然而，共性中存在着一定的差异性，即最初的款型完全不同。在西方是修身型向多元款式方向发展，中国则是从宽松型向多元款式发展。笔者认为，造成这种差异有着深刻的内外在原因：一方面，从服饰文化内在因素上看，西方自中世纪以来，在服饰上突出人，强调性别，凸显人体线条。在13世纪后，西方服装越来越贴身、合体，"省道"技术使西方服装越来越立体。纵观欧美地区牛仔服装，廓型比较接近，都是以较为修身合体的廓型为主。服装注重裁剪，在廓型比例上讲究匀称、造型的和谐，重在突出穿着者的形体。而中国古代，讲究服饰体现天人合一，注重人与自然的和谐，在着衣过程中，弱化、掩盖人体形态，模糊性别差异。基于服饰文化的巨大差异，对于牛仔裤的款式，西方人很容易接受修身型的牛仔款式，而中国人接受修身型牛仔裤则需要一定的时间。另一方面，从人体测量等外部因素上看，西方很早就完成了其人种的人体测量，服装板型基本会针对其人体特征进行设计，而中国的人体测量及服装板型研究起步较晚。我国第一次大规模的人体测量发生在1985~1988年，在此之前，服装没有针对本民族适合的板型，服装整体板型参考国外身体特征呈宽松型，因此，牛仔裤最初流行的宽松型是合情合理的。

3.2.2　牛仔服品类从牛仔裤向其他品类发展

1978年以后，中国的牛仔服从单一的牛仔裤向其他品类的服装发展。随着改革开放的深入，大量服装设计师涌现于人们思想的解放与多元化。设计师的灵感源自不同的领域，配合人们接收信息渠道的多样性，牛仔服的品类也越来越丰富。

20世纪80年代中期，在国际上牛仔服装界形成了一股怀旧的风潮，各个品牌的牛仔服装摒弃了花哨的设计，采用最简单的洗水工艺，崇尚原色牛仔，恢复牛仔服装最原始的直身剪裁，追溯传统的牛仔裤式样❶。而对于刚刚接受牛仔服的中国则恰恰相反，在牛仔服的设计上更崇尚复杂的分割技巧，整体服装注重身材的体现，在牛仔外套的腰部采用橡筋收腰，在左右胸口设计两个贴袋或挖袋，并且在衣身的左右两侧各增加一个斜插袋，这种设计成为当时牛仔夹克的款式代表，如图2-26所示。

---

❶ 宋星宇. 牛仔服装本土化设计研究［D］. 杭州：浙江理工大学，2019：14.

图2-26　20世纪八九十年代古着牛仔服❶

　　20世纪90年代，牛仔服装不再局限于牛仔裤以及夹克的变化发展，牛仔服装的面料、款式、色彩、纹样都变得越来越丰富。牛仔面料可以被做成夹克、衬衫、外套等多种款式并驾驭各种不同风格。如图2-27所示，男青年身着翻领、装袖、系扣的长袖牛仔夹克，夹克胸部两边各有一个贴袋，和缉明线的结构线共同塑造了硬朗男性形象，下着同色牛仔裤；如图2-28所示，男青年穿着翻领牛仔衬衫、下着宽松牛仔裤。充分体现当时的穿着特征以及牛仔服品类的多样化。

　　21世纪初，牛仔服装已经成为必不可少的服装单品，同时也朝着全品类服装发展，如图2-29所示，男青年穿着宽松牛仔背心，胸部左右各有一个贴袋，内穿白色T恤，下着宽松牛仔长裤。在同时期，也涌现出了许多专门对牛仔服装进行研究的设计师，他们在牛仔服的款式、廓型、色彩、纹样、面料上体现自己对于牛仔服装的理解。他们将牛仔服玩出了时代的新花样（图2-30），用最新的科技工艺手法赋予这个时代的牛仔以新的定义。如设计师陈闻的作品，专注牛仔服装的研究，在2020年春夏牛仔服装发布会中，将棉花的舒适性与可持续性发展相融合，以牛仔的时尚艺术和健康的生活方式为准则，通过环保的水洗工艺，展现牛仔面料的魅力。如图2-31所示，本系列作品在款式造型的设计上延续经典款式比如牛仔夹克、牛仔衬衫等，在牛仔夹克中采用撞色的设计赋予款式亮点设计；创新新时期的不同款式，如牛仔西服外套，给西服外套一个全新的定义，也带给牛仔服装设计更多的可能性。

---

❶ 图片来源：武汉纺织大学服装学院李慧贤收藏。

图2-27 穿牛仔夹克
衫的男青年❶

图2-28 穿牛仔衬衫
套装的男青年❷

图2-29 穿牛仔背
心的男青年❸

图2-30 穿牛仔背
带裤套装的男工人❹

图2-31 陈闻2020春夏牛仔系列❺

3.3 牛仔服色彩纹样的多元化变迁

服装色彩狭义上指服装及其搭配饰物的色彩❻，不同的色彩搭配体现不同的风格，适合不同的人群，同时也受社会因素、环境因素的影响，适合不同的场景。对于女性来说，色彩的选择范围相对较广，但是对于传统的男性来说，男性对于服装色彩的选择往往是沉稳、庄重的，因此在最初的男式牛仔服的色彩中，是一种从崧蓝提取的靛蓝色，是男式牛仔服的主流颜色❼。

❶~❹ 图片来源：赵明. 近现代中国人生活图典·服饰卷六［M］. 西安：陕西科学技术出版社，2017：618-
621.

❺ 图片来源：苏姗. 陈闻2020春夏牛仔系列亮相中国国际时装周［EB/OL］. http://www.xinhuanet.com/
fashion/2019-11/04/c_1125190062.htm，2019-11-04.

❻ 李莉婷. 服装色彩设计［M］. 北京：中国纺织出版社，2004：3.

❼ 郭雷. 男装牛仔裤款式设计探究［D］. 西安：西安工程大学，2011：42.

3.3.1 从靛蓝色向彩虹色方向发展

最初的牛仔裤是用棕色的帆布裁制的，这种棕色的帆布面料比普通的裤子更加结实耐用，因此销量很好。在1873年，Levi's开始使用蓝色斜纹棉布制作裤子，此后，蓝色成为牛仔裤的基本颜色，也变成牛仔服装的象征面料❶。随着牛仔服装产业工艺的进步，水洗工艺的过程中方式变得多种多样，从简单的普洗、石磨洗到如今的雪花洗、套色、蜡洗、化学洗等，通过表层颜色洗出新的蓝色。

20世纪90年代，男装产品开始出现中性化的趋势，男式牛仔服也不仅局限于简单的蓝色调，通过进一步发展的水洗工艺，市面上出现了五彩色的牛仔服装，如军绿色、粉红色、紫色等，这是牛仔行业技术的进步所带来的变化，这时期牛仔也被人们广泛接受并成为必不可少的时尚品类，更多的设计师将牛仔服装作为自己设计的灵感来源，对于牛仔面料进行再造、染色，当然在色彩上也有更多的设计。

步入21世纪，男性穿着的选择性增多，对于男装的分类化也越来越明显。一方面，成熟男性对于牛仔服的选择仍然在传统的蓝色、灰色及黑色之间，以凸显其沉稳、庄重的男性特点；而年轻的时尚潮男对于牛仔服装的选择则偏向更加花哨的色彩，此时牛仔服装的颜色可以跟随当年流行色去创造出新色牛仔服，年轻男性更加注重的是追逐当年流行色以及服装的整体搭配性。另一方面，如今色彩的丰富，使牛仔服具有不同穿着场景需求，如选择深色系（黑色、深灰色、深蓝色）的男性，往往是将牛仔服穿入正式场合当中；选择浅色系（灰色、白色、浅蓝色）的男性，给人一种活泼、开朗、运动之感，往往穿于休闲旅游等非正式场合当中。牛仔服色彩的变迁体现出了整个社会环境的变化，生活场景增多导致人们对于服装色彩需求增多。

3.3.2 从少量纹样向主题纹样发展

牛仔服的纹样出现在20世纪60年代嬉皮士文化的流行，年轻自由的爱情运动震撼了美国文化，休闲的牛仔成为当时自由服装的代表❷。改革开放以来，国际经济文化交流频繁，国内外服装品牌更多关注具有中国元素的纹样设计，将其运用到牛仔服装的设计中。

牛仔服经过一百多年的发展，在款式设计、细节设计、色彩搭配中都向多元化的

---

❶ 宋星宇. 牛仔服装本土化设计研究［D］. 杭州：浙江理工大学，2019：8.
❷ 宋星宇. 牛仔服装本土化设计研究［D］. 杭州：浙江理工大学，2019：12.

趋势发展，牛仔服饰纹样的设计也逐步成为现阶段牛仔服设计的突出任务。纹样的设计有助于对服饰整体风格的提升，而牛仔服现阶段的纹样风格已经非常丰富。20世纪90年代最初流行的朋克风、波普风以及利用简单的洗水技术出现的普通的褪色效果，发展到的复古风、摇滚风、几何元素、现代风格以及各种特殊洗水技术所形成的自然着霜、套色效果等。

经过了三四十年的发展以及对牛仔服装的研究，更多的国产品牌开始探索中国元素纹样，各种原创中国风纹样出现，扩宽了服装纹样的设计渠道。中国元素纹样设计极具艺术特色，紧抓当下审美风尚，将中国传统的文化内涵与视觉效果进行很好的融合，符合当下年轻人的审美需求，运用现代的表现手法，不仅为传播传统文化奠定了根基，同样激起了年轻人对于传统的热爱和民族自豪感。通过对古代画作、书籍故事描写以及古体文字的再创新，运用到服饰中，主题多为吉祥瑞兽、传统纹样、中国书法等，色彩绚丽、冲击力强，深受年轻人的追捧。牛仔服作为经久不衰又兼具时尚感的服装品类，是传播中华文化的重要载体。如图2-32所示，传统龙凤纹元素及花卉图案通过设计改良结合现代绘画手法创新应用于牛仔服上面，将中国元素与英文文字相结合，是纹样多样化的体现；在图案的排列上，以主体图案龙凤纹为视觉中心，边缘花卉图案点缀，符合现代审美需求。

图2-32　中国元素纹样在牛仔服上的应用❶

---

❶ 图片来源：佚名. 国潮风来袭，这些牛仔也太好看了吧［EB/OL］. https://www.sohu.com/a/347702529_526412，2019-10-17，2022-03-17.

经过改革开放后四十年的发展，在国内国际风潮的影响下，男装有了一定的发展，而作为男装的其中一个品类，男式牛仔服也在随着时代的进程凸显出自己的特点，在迎合消费者喜好的同时，创新式地使用中国元素，将中华色彩、中华图案多元融合入男装牛仔的设计之中，在之后的发展中，更应关注当代社会中的生活方式以及思维想法，力图创新出中国特色的男式牛仔服。

综上所述，笔者整合社会背景、男式牛仔服的流行款式、色彩、图案的变迁，列成现代男式牛仔变迁表，见表2-2。

表2-2 现代男式牛仔变迁表

	20世纪80年代	20世纪90年代	21世纪初	21世纪20年代
政治背景	改革开放和建设社会主义时期	改革开放和建设社会主义时期	社会主义现代化建设时期	中国特色社会主义进入新时代
经济背景	加快轻工业发展速度	加快工业现代化发展	以经济建设为中心全面建设小康社会	全面建成小康社会
流行款式	直筒牛仔裤	牛仔裤、牛仔衬衫、牛仔夹克	全品类	全品类
流行色彩	蓝色	以蓝色为主	五颜六色	五颜六色
流行图案	无图案	多以分割线为主	做旧、破洞、撕裂	刺绣、烫画、激光雕刻等工艺图案

3.4 中国男式牛仔服变迁的原因分析

随着牛仔服一百多年的发展，这个品类已经成为男性必不可缺的服装单品。中国改革开放四十年，对于牛仔服装的开发研究也从未停歇，随着科技的发展，牛仔面料足以满足现代人对于舒适性以及审美独特性的需求；在设计方面，越来越多的设计师关注牛仔服的设计需求，产出了多样的牛仔服款式；对于色彩方面，从单一的靛蓝色向多彩色发展；纹样的设计中，吸取各个风格的纹样形式，更多是为了突出设计主题，满足各个风格消费群体的需求。造成这些变迁因素的原因有很多种，主要在纺织科技的发展、中外经济文化的交流及人民思想观念的转变等因素。

3.4.1 新型牛仔布处理工艺为中国男式牛仔服发展提供了技术支持

在科技迅速发展的时代，新型牛仔布处理工艺为中国男式牛仔服的发展提供了强大的技术支持，牛仔面料所具有的独特性，要求它必须经过洗水工艺的处理，才能达到基本的穿着效果。为了满足消费者的需求，使设计产品实现更好的落地，牛仔服制作工艺可以更好地满足设计需求。因此，没有新技术的运用，中国男式牛仔服的发展只能停留在设计层面，而无法实现。新型牛仔布处理工艺主要包括洗水工艺与印花技术。

3.4.1.1 洗水工艺的发展

在牛仔服装发展的过程中，纺织技术的发展尤为重要。在男式牛仔服装的设计中，相对于女装牛仔服在款式、色彩、图案还需要一定的发展阶段，但是在纺织技术的发展下，面料生产企业也逐渐摆脱传统的生产工艺来适应消费者的需求。

洗水工艺的必要性在于满足穿着者的基本需求，重要性在于通过多种形式的洗水满足牛仔服装的设计风格，洗水工艺的发展源于科技的发展。20世纪70年代初期，Osvaldo Tonello制造出了第一台Tonello洗衣机，标志着牛仔服装水洗革命的开始，牛仔服装真正提升穿着舒适性并开始了可设计化的阶段；80年代，牛仔服的设计更加追求自然复古，出现了猫须、蜂窝等工艺手法；在当今时代，社会发展与环境保护并行迫切要求牛仔生产行业进行技术革新，因此产生了激光技术以及臭氧处理技术，这是牛仔裤后整理行业的巨大进步。在牛仔服装制作过程，既满足设计的需求，在可持续发展的趋势下，更满足环保的要求。在现今从牛仔服装洗水、染色阶段，均可降低污染和能耗，减少用工，实现环境友好。洗水工艺的发展满足了消费市场对于牛仔服的穿着需求，大大增加了对于牛仔服装的设计可能性，同时对于环境改善产生了积极的作用[1]。

3.4.1.2 印花技术的发展

随着潮流的发展，消费者对于牛仔服装期待值也更高，因此设计师在牛仔服装的设计方面融入更多潮流元素。传统的具有艺术图案的牛仔服饰主要通过印染来实现各种图案，计算机辅助技术的革新使牛仔布通过激光印花技术实现纹样图案的运用[2]。近年来，激光雕花技术使牛仔服制作行业大大提升了生产效率，能够高效快速地打造出艺术化的抽象图案。其一，激光雕花具有节能环保的特点，在激光雕花过程中仅耗费少量的电量，解决了传统印花工艺耗费大量化工原料以及水资源等问题；其二，非接触式加工，机器设备损坏率降低，提高了经济性和效率；其三，工艺简化，降低人力成本；其四，激光雕花的立体感、层次感增加服装的时尚化、个性化。

---

❶ 陶红. 加速资源聚集，促进产业融合"'纺织之光'牛仔面料及服装环保加工技术"科技成果推广会举办 [J]. 纺织服装周刊, 2019, 21 (23): 16.
❷ 郭雷. 男装牛仔裤款式设计探究 [D]. 西安：西安工程大学, 2011: 51.

3.4.2　中外经济文化交流为中国男式牛仔服发展提供了物质基础

服装产业的发展离不开经济的发展。改革开放后，开始慢慢地与国际接轨，在2001年中国加入世贸组织后走上了国际化发展的道路，为中国纺织服装行业带来了更大的发展空间和更多的机会，中国已经成为全世界服装生产的基地之一，同时也带来了更多的压力。一方面，物质生活水平的提升，人们的生活方式也发生了很大的变化，人们对于服装的追求不仅局限于保暖，而是在服装的款式、廓型、色彩、纹样等方面追求个性化，这就推动牛仔服产业的快速发展。另一方面，随着开放的进程不断地扩大，开放深度和广度不断增加，在与世界牛仔服领域上各种风格碰撞的同时，国内服装风格被西方同化的现象愈发严重，这时向世界展示中国也是非常必要的，因此，中国男式牛仔服装在款式和纹样上都在朝着弘扬传统文化方向慢慢探索和发展。在全球化市场经济下，互联网的发展也加速了各个民族文化之间的交流与传播，服装设计不仅要跟随时尚流行的趋势，更要保留自身独特的元素。同时，消费者在追求自我形象的独特性中也使服装的设计变得更加多元化，人们穿衣不再是满足身体的需求，也不仅是为了身份的彰显，更多的是追求个体与个体间的不同。

与此同时，外国文化的传入也丰富了人们的精神世界，封闭许久的人民思想开始放开，最早来中国举办第一场服装秀的是来自法国的设计师皮尔·卡丹，在当时的社会情境下，当一个老外穿着毛料的大衣，戴着一条围巾双手插在兜里，气宇轩昂地走在北京的大街上，着实吸引了周围所有人的目光，这对思想陈旧的国人来说，时尚设计大师的到来冲击着人们对着装的认识。

3.4.3　人民思想观念的解放为中国男式牛仔服发展提供了心理准备

20世纪80年代，是中国政治、经济、文化快速发展的时期，这一时期的服装整体变化是打破陈旧的过去迈向时尚的国际化的过程，促成这一发展的主要因素是改革开放。多种文化潮流的涌入、多种理念之间的交流以及经济的快速增长使人们的思想开始走出陈旧，服装业开始吸收国外的时尚理念，将服装从满足人们日常需求向审美需求转变❶。

3.4.3.1　流行文化对于人民思想观念开放的影响

随着改革开放的不断加深，更多潮流文化涌入，世界各地的流行在中华大地上出现。20世纪70年代末，日本电影《追捕》在国内上映，剧中警长身穿喇叭裤、戴墨镜

---

❶ 张瑜. 改革开放后中国服饰变迁分析［D］. 武汉：武汉纺织大学，2016：43-47.

的形象成为青年争相效仿的穿衣模板，引发了社会上对于着装的讨论，恰恰是这种讨论拓宽了国人服装审美的包容性。80年代，国际流行文化交流趋于频繁，越来越多的国外影视作品在中国上映，好莱坞影星穿着牛仔裤的荧幕形象吸引众多年轻人，牛仔裤成为当时时髦的代名词。21世纪初，韩流和韩剧的涌入在国内培养了忠实的观众群，青少年开始追逐韩国流行时尚，韩版服装更是深受喜爱；近年受日本穿搭文化的影响，人们喜欢模仿当中男女主人公的同款穿搭，日系穿搭盛行一时❶。

3.4.3.2 服装教育的发展对于人民思想观念开放的影响

1978年高考的恢复，让很多人重新进入高校学习，随着服装行业的高速发展，对于纺织服装领域的人才需求，各地开办了服装专业，国家开始更加重视纺织服装教育的发展，培养了一批优秀的设计和服装专业人才。1982年中央工艺美术学院开设了一期服装专业的短期培训班，紧接着，苏州丝绸工学院开设了我国第一个服装设计本科专业，这代表着服装这一门学科的正式建立，开始培养这一领域的专门人才，真正从根本上将服装这一概念植入大众意识中。20世纪90年代中期，随着中国改革开放的深化，经济发展逐步稳定，国内服装市场扩大对于服装产品开发的重要性愈发看重，开始了服装品牌化，企业开始出巨资聘请业内负有盛名的设计师，设计师地位的提高对于高校服装教育产生了极大的鼓励❷。服装专业文化教育的支持使服装设计成为系统化的教育体系，使服装在设计方面打破了陈旧的、单一的特点。

3.5 结语

通过对改革开放后中国男式牛仔服在款式、色彩、纹样的多元化变迁，看男式牛仔服在四十年的发展中的不同特点。20世纪70年代末80年代初，牛仔裤初入中国，年轻人着迷于牛仔裤带来的时尚感受，但是在社会引发了极大的争论，款式也较为单一，基本模仿于影视节目中的款式造型。90年代，经济技术发展进入快车道，在牛仔服装的面料、款式以及制作的工艺上有了长足的进步，可以满足更多消费者对于牛仔服装的需求，在款式上采用了更多的分割手法，也创新出了属于90年代的典型男式牛仔服款式，在当今社会也极具代表性。进入21世纪，各种潮流文化的冲击使得男式牛仔服整体廓型趋于宽松，款式类型以及色彩的选择上更加多样化，各个年龄段的男士可以

❶ 张瑶瑶. 改革开放初期我国男装发展探究（1978~1989）［D］. 北京：北京服装学院，2018：68-69.
❷ 周利群. 论中国服装设计及其教育［D］. 长沙：湖南师范大学，2006：10-12.

根据需求选择适合自己的牛仔服装；在纹样的表现上，品牌服装紧跟时代，在牛仔服装的设计上体现认同感，更多选择传统纹样进行设计应用，如瑞兽图案、植物图案、意象图案、古文字图案等，在发展牛仔服装的同时，传承中华传统元素。总之，中国男式牛仔服的发展也见证了中国改革开放四十年的发展，在服装的发展上也展现出了激情澎湃的潮流，从"拿来主义"的服装发展到开始自我身份认同的着装。最后，通过对纺织技术的深入探究、分析中外经济文化的交流成果、思想观念开放后引起的心理变化三个角度进行分析，探究中国服装近代发展的变化和背后的原因，可以看出男式牛仔服装的发展融入社会发展之中，同样也给社会的发展带来一抹色彩。

4 中国男式夹克变迁（1979～2021年）

夹克，别称茄克或甲克，是英语jacket的英译，是一种身长齐腰、前襟开门、下口收紧的短上衣[1]。经过四十年的发展，夹克已不再是如此单一的款式，基本上可以分为工作服夹克、休闲式夹克、运动式夹克[2]，适用于各个生活场景之中。针对改革开放后中国男式夹克变迁的研究，服装史学界已经有了一定的成果，主要体现在以下三个方面：①从改革开放后中国服饰变迁的角度，深入探析了改革开放后男装发展的特点，如张瑜以《人民画报》封面人物着装的角度介绍了中国女装服饰、男装服饰的发展特点，并以改革开放以来中国服装发展变化为依据系统地归纳了服饰变迁的主要因素，其中夹克作为重要角色，从一个全新的视角通过画报封面人物的着装对其进行分析。②从服饰通史的角度进行展开，列举了此时男女装的流行款式，如赵明的《近现代中国人生活图典·服饰卷6》对夹克进行了重点描述，分为皮夹克和夹克两个部分，介绍了夹克的流行起源、款式特征及流行种类[3]。③从夹克的结构工艺角度进行分析，如王晓莱，从夹克的细节元素进行研究，通过对夹克细节部位、结构造型进行创新再设计，与现今流行的一衣多穿理念相结合，使夹克适应低碳环保的社会理念[4]。显而易见，作为一个独立的服装品类——男式夹克，学界对于夹克的论述往往在单一品类中有些简短的介绍，其变迁的专题论述尚没形成一个完整的理论体系，还需要从夹克衫的面料、款式的变迁进行时间维度上的分析，并且从社会背景因素中，深入探析夹克流行于20世纪并经久不衰的原因。

---

[1] 汪宝树. 历久弥新的夹克 [J]. 世界文化，2003（02）：47-49.
[2] 赵明. 近现代中国人生活图典·服饰卷六 [M]. 西安：陕西科学技术出版社，2017：601.
[3] 赵明. 近现代中国人生活图典·服饰卷六 [M]. 西安：陕西科学技术出版社，2017：597.
[4] 王晓莱. 男式夹克衫结构功能性设计与研究 [D]. 大连：大连工业大学，2013：1.

4.1 中国男式夹克面料的变迁

面料作为服装设计的五大要素之一，决定了服装的风格及舒适度，面料的发展同时也伴随着服装风格的发展。20世纪70年代末期，朴素仍然是人民生活的追求，因此在服装的选择上，多以天然纤维以及纯棉面料为主，同时，皮质夹克风行一时，成为年轻人追捧的款式，时尚的变化使夹克面料呈现出多元化的趋势。随着纺织技术的发展，可用于夹克制作的面料增多，新技术的发展促进了夹克面料向功能化方向嬗变，出现了针织夹克、灯芯绒夹克、涤棉布夹克及尼龙绸夹克等。

4.1.1 时尚的变化使夹克面料呈现出多元化的趋势

夹克作为西式服装，起源于14世纪的欧洲，是上衣下裳的分离式服装出现并区分男女装的产物。至今为止，夹克是除西装外最受欢迎的男式服装。在夹克进入中国以前，20世纪三四十年代，国际设计师已经开始尝试使用涤卡、皮革、薄呢等面料运用到夹克上，使人们可以根据自己的需求灵活搭配夹克[1]。

20世纪70年代末，夹克与西服、衬衫等西式服装进入中国。南斯拉夫电影《瓦尔特保卫萨拉热窝》和《桥》的热映，使男主人公穿瓦尔特衫的形象风靡一时，"瓦尔特衫"的流行带动夹克的流行，其中夹克所用面料多以皮质面料、棉布类面料、化纤类面料、丹宁面料为主[2]。20世纪80年代，夹克成为继中山装、军便装以外男性服装的第三种选择。随着纺织技术的发展及人们对于服装时尚性的需求，传统棉布夹克较少采用，夹克的面料也从单一的棉质、化纤面料向丝绸、灯芯绒、针织面料转变。此外，也出现了许多混纺棉织物、各类印花织物、仿毛皮织物等，面料种类的丰富使夹克成为实用性很强的服装品类。进入21世纪，便式夹克成为更受欢迎的夹克类型，便式夹克没有特定生活场景的限制，主要是休闲穿着，更多注重的是时尚需求，在面料的选择上范围较广，除了棉、毛、混纺、皮质、合成面料等机织面料外，纯棉针织面料及绒线编织手法也在便式夹克中出现[3]。

2021年下半年，专注夹克的品牌——劲霸男装在长城举办夹克品类专场秀，展示了劲霸男装41年中国夹克的创制与革新，采用高端色织羊毛仿牛仔的新型面料，展现

❶ 王晓莱. 男式夹克衫结构功能性设计与研究［D］. 大连：大连工业大学，2013：3.
❷ 赵明. 近现代中国人生活图典·服饰卷六［M］. 西安：陕西科学技术出版社，2017：618-621.
❸ 蔡蓓. 现代男装设计风格异性化研究［D］. 上海：东华大学，2007：57.

年轻的设计语言，如图2-33所示，运用现代化纤面料印花叠加欧根纱，创新夹克设计方式；运用段染纱材料制成毛衫，传递新的时尚感；并将麂皮等非常规品类面料运用至夹克设计中，用复杂高级的传统工艺，创新夹克的品质；如图2-34所示，采用双色色织面料，在保持时尚感的同时减少染料对于人体的危害。从劲霸男装夹克山海主题的发布可以看出夹克40年发展中面料丰富所带来的创新设计。

图2-33　采用高端色织羊毛仿牛仔新型面料的夹克❶

图2-34　采用双色色织面料的夹克❷

4.1.2　新技术的发展促进了夹克衫面料向功能化方向嬗变

夹克是当今世界时装发展较快的时装之一，具有方便穿脱的特点，适应各类生活场景的穿着，因此在面料的选择上趋于多样化，其中功能化是夹克面料的主要要求之一。20世纪70年代末期，改革开放的大发展下，纺织品工业的充足供应使全国的纺织服装品类更加丰富，人民的衣着消费水平有了明显的改善，棉、毛、丝、麻等服用纺织品也逐渐向功能化转变，人民对夹克也出现了功能性的需求。20世纪80年代，随着纺织工业新纤维、新工艺、新设备和新技术的开发应用，纺织产品的功能性品种大大增多，一批具有防缩水、抗皱、防静电等新型功能性面料不断问世，使用这些科技新产品设计的夹克深受男性消费者的欢迎❸。

进入21世纪，一方面，夹克的档次以面料作为分类标准，高档夹克使用天然的羊毛、牛皮、马皮、毛/涤混纺、毛/棉混纺以及经过特种处理的高级化纤混纺或者纯化

---

❶❷ 图片来源：由劲霸男装（上海）有限公司提供。
❸ 张瑶瑶. 改革开放初期我国男装发展探究（1978～1989）［D］. 北京：北京服装学院，2018：32-33.

纤织物；中高档夹克常常使用绵纶绸、涤／棉混纺防雨府绸等；中低档夹克则也可使用黏棉混纺等普通面料❶。另一方面，消费者对于服装的需求兼具时尚度以及功能性，对于夹克的分类更加精细，适合各个阶段的男性穿着，也会对夹克有特殊的使用要求，如洗涤、保暖效果等方面。对于工作中的男性，速干的夹克是必不可少的，劲霸男装有一种夹克使用超细牛津布，这种面料具有透气性好、易洗速干的特性，如图2-35所示。其次，保暖性是服装的必备功能，在2016年劲霸男装推出充气保暖夹克，采用一衣多穿的设计理念，充气前可单穿，充气后作为御寒服保暖，夹克表面采用防皱面料，使用防水透气薄膜设计；中层采用特殊科技材料，保暖透气，如图2-36所示，是新兴科技运用于服装上的具体体现。除此之外，新时期的消费者对服装的需求及面料的具体功能提出了更高的要求，对于舒适性人们要求穿着舒适、吸湿排汗、穿着透气及对于防护性的具体要求为抗紫外线、抗菌、抗静电等。以雅戈尔为例，在保留毛料特性的基础上，应用高科技手段赋予其明亮顺滑的丝绸质感，保留羊毛面料的弹性及舒适性的同时，拥有丝绸质感的光泽度，符合消费者对于功能性及时尚性的双重需求。此外，可恢复的记忆面料、防水拒污面料等特殊功能的面料也应用于男装中❷，这是新技术带来男装夹克向功能化转变。

图2-35　超细牛津布夹克❸

图2-36　短版充气夹克❹

---

❶ 时涛，欧阳明德.男装品鉴［M］.北京：中国纺织出版社，2010：98-117.
❷ 何亚男.论中国男装品牌面料发展的新趋势［J］.现代经济信息，2013（20）：276.
❸ 图片来源：佚名.易洗速干：懒人最爱的超细牛津布夹克［DB/OL］.https://mp.weixin.qq.com/s/3ddCUVPl6R4FbCxhgDPGbA，2022-0317.
❹ 图片来源：佚名.3口气10秒钟，吹气就能御寒的夹克［EB/OL］.https://mp.weixin.qq.com/s/SMdHB_n_yR4tsux16ja3vg，2022-03-17.

4.2　中国男式夹克款式的变迁

最初，夹克作为休闲服的一种，泛指下摆和袖口收紧的短上衣，可以用于单穿、外套等方式，是现如今最受欢迎的男装品类之一。改革开放初期，"瓦尔特衫"在国内的流行带动了夹克的普及和流行，街头巷尾流传着这样一句话："不管多大官，都穿夹克衫。"侧面反映出夹克的流行程度❶。其极易穿脱的特点也是它流行不衰的原因之一。作为外来的服装类型，夹克早就经过了几个世纪的变迁，传入中国已基本定型，为了适应国人体型特点，进行了一些细微的设计改变，如其廓型、领型、下摆长度等。

4.2.1　男式夹克廓型的变化

夹克起源于上下装分离后的骑士服。哥特时期，一度被称为普尔波因特的紧身男子上衣是夹克形成的雏形之一，也被当时人们称为夹衣，它保持平缝的特点，在袖口处收紧，前门襟排列着密集且均匀的扣子❷。随着党的十一届三中全会的召开，中国进入改革开放的新时期，国外服装款式的传入，丰富了国民服装的穿着样式，服装面料多样、色彩丰富、图案种类繁多，服装开始向时装化发展，人们开始追求服装的个性化❸。男式夹克作为其中最为多变的服装款式，在流行初期就表现出了多样化，如皮质夹克、西服式夹克、休闲夹克，种类丰富，适用范围广。

20世纪70年代后期，在改革开放的影响下，影视文化的传入带动了国内服装行业的发展，流行的夹克多以H型为主，如图2-37所示为基本款H型男式夹克，翻领，门襟处无搭门，采用明拉链的黑灰色夹克，下摆及袖口用橡筋收紧，此类夹克常常作为参加正式场合的服装穿着，给人以端庄正式之感。作为基本款型夹克，在设计上没有过多的装饰❹。

图2-37　穿H型夹克的男士❺

---

❶ 赵明. 近现代中国人生活图典·服饰卷六［M］. 西安：陕西科学技术出版社，2017：602.
❷ 王晓莱.男式夹克衫结构功能性设计与研究［D］.大连：大连工业大学，2013：10-11.
❸ 张瑶瑶.改革开放初期我国男装发展探究（1978～1989）［D］.北京服装学院，2018：32-33.
❹ 赵明.近现代中国人生活图典·服饰卷六［M］.西安：陕西科学技术出版社，2017：599.
❺ 图片来源：赵明.近现代中国人生活图典·服饰卷六［M］.西安：陕西科学技术出版社，2017：602.

20世纪80年代，随着夹克的流行，夹克的廓型从简单的H型向多样化转变，比如O型、A型、V型、X型等多样的廓型。当时的人们，如果不知道该穿什么，除了西装、中山装，就会选择夹克。如图2-38所示为O型翻领系扣夹克，腰部左右各有一个有带盖的斜插袋，搭配黑色长裤，具备商务型特征❶。O型夹克对男性身材的包容性较大，适合发福且有啤酒肚的中年男性。

20世纪90年代，男装主要以西装、夹克、羊毛衫为搭配中心进行穿着。1990年，第十一届亚运会在北京举办，印有亚运会标志和吉祥物的宽松运动夹克流行一时❷。

进入21世纪，夹克固有的下摆、袖口橡筋收缩的刻板印象被打破，取而代之的是不收边的男装夹克的流行，不收边的夹克可以使男性身材显得修长、挺拔，深受青年男性的喜爱。直至现在，男装夹克不拘款式、廓型，对于时尚感要求增高，夹克的样式更加多样化❸。

图2-38 穿O型夹克的男士❸

4.2.2 男式夹克领型的变化

领子位于颈部，在服装整体中处于视觉的中心，衬托穿着者的脸颊，修饰穿着者的脖颈。领子作为夹克的基本结构组成部分之一，虽然所占面积较小，但其风格影响很大，夹克领型的变化决定着其服装风格以及适用场合，夹克作为风靡一时且长久流行的服装品类，领型的变化丰富多样。按照领部外形来区分，可以分为翻领、立领、连帽式样的领子、无领、翻驳领等；按照适用的环境风格区分，可以分为商务风格、休闲风格、运动风格等。

20世纪70年代末流行起的"瓦尔特衫"是一种翻领结构的宽松短上衣，在此影响下国内皮夹克、夹克产生并流行，当时的夹克的领型多以电影中形象为参考，多为休闲风格的翻领、翻驳领。如图2-39所示为流行的翻驳领皮夹克，袖口和下摆用橡筋收紧；如图2-40所示为翻领长袖皮夹克，皮夹克肩部有带襻装饰，衣身处有铆钉装饰，

❶ 赵明.近现代中国人生活图典·服饰卷六［M］.西安：陕西科学技术出版社，2017：618-621.
❷ 卞向阳.中国近现代海派服装史［M］.上海：东华大学出版社，2016：560-578.
❸ 图片来源：赵明.近现代中国人生活图典·服饰卷六［M］.西安：陕西科学技术出版社，2017：601.

典型的摇滚风格皮夹克，是受到西方流行元素影响下的亚文化青年的代表风格之一。但是皮夹克在70年代仅仅短暂的流行，很快便淡出了人们的视野[1]。

图2-39　翻驳领皮夹克[2]

图2-40　翻领皮夹克[3]

20世纪80年代，夹克衫在国内的流行变得普遍，夹克的款式多样，夹克领型也根据风格的多样变得丰富起来（表2-3），如无领、平坦领、立领，甚至是假两件形式的翻领及翻驳领的组合。休闲风格的夹克在领子上常常有纽扣装饰，用来体现服装风格；或者采用不同的材料拼接，增强夹克的时尚度。

表2-3　20世纪80年代夹克领型特点[4]

领型	无领	翻驳领+翻领	平坦领
风格	休闲风格	休闲风格	商务风格
特点	整体服装以开衫的形式，领子部位采用针织面料进行拼接，左右两边各一个斜插袋，下摆和袖口部位用罗纹收紧，整体具有夹克基本款式特征，但在前门襟有低领的设计创新，纽扣部位一反往常的单排扣，设计成风衣双排扣，突出20世纪80年代人们对于服装时尚度的要求	1984年，皮质夹克在国内出现了流行的高潮，皮夹克的设计也趋于多样化。此款服装以多分割线为主，体现皮质夹克的摇滚风格，领子部位采用双层领的形式，出现假两件的形式，表现出叠穿的穿搭风格，左右两边各有一个斜插袋，在袋口用金属纽扣装饰，前门襟以两颗金属纽扣排列，下摆用橡筋收紧，是典型的20世纪80年代皮夹克	服装的特点在于面料的拼接，领子部位是采用针织拼接的平坦领，衣身部位采用几何图形针织拼接咖色皮质面料，下摆及袖口处用罗纹收紧，表现出典型夹克特点，门襟处用金属拉链连接，更加方便，口袋部分作为分割表现为敞口插袋

---

[1] 赵明.近现代中国人生活图典·服饰卷六［M］.西安：陕西科学技术出版社，2017：597.
[2][3] 图片来源：赵明.近现代中国人生活图典·服饰卷六［M］.西安：陕西科学技术出版社，2017：697-599.
[4] 图片来源：中国男装研发中心收集的夹克实物。

续表

领型	无领	翻驳领＋翻领	平坦领
图片参考			

20世纪90年代，出现了羽绒夹克服，男女皆可穿用，以立领为主充当保暖的作用。除此之外，夹克的领子也是叠穿搭配的利器，男士通常在夹克里穿着衬衫或长袖T恤，露出领子及下摆。领型也不拘泥于立领、翻领。男性的衣橱中总会有许多类型的夹克，有舒适轻松的需求可以选择连帽领子敞口穿着；商务应酬选择立领、翻驳领表达商务正装需求；运动时选择连帽或无领的舒适运动夹克。

如今，中性化、突出设计感服装出现，夹克的款式样式多变，对于领子的设计也有许多的设计手法，许多设计师采用加法或减法，或对领子进行变形处理，通过印花、激光雕刻等工艺丰富夹克领子的造型、丰富领型的选择。随着中国设计元素的不断发展，中国风进入国际视野，国风交领也成为夹克设计的选择之一。如图2-41所示，劲霸男装的2021《夹克·山海》发布会，在领型的设计中融入汉服的交领元素结合西服设计的青果领，使用净色面料与提花面料进行创意拼接，创新出中国设计的中国风夹克，使夹克在秀场上焕发生机，开拓出夹克设计的新概念。

图2-41 中式交领夹克❶

---

❶ 图片来源：由劲霸男装（上海）有限公司提供。

4.2.3 男式夹克下摆的变化

夹克作为一个普及性很高的服装品类之一，种类繁多，适用领域多样，因此在服装的下摆处常有变化，以适应夹克的穿着领域及环境。1980年前后，夹克被统一称为春秋衫或者两用衫，是一种普通的男式外套。此后，随着式样的越来越丰富，不仅在男士中穿着，也出现了适合女性穿着的夹克。在休闲领域，夹克的穿着随意，衣长的变化也可长可短、可繁可简，经典的橡筋收紧也随之变化。但是基本的衣长停留在腰部以及腰臀之间，是一种短上衣。20世纪80年代以后，夹克的衣长也从腰臀间向下或向上，有从胸以下到大腿中部等各种长度。且出现西服式夹克，长度在臀部中间，整体款式与西装大体相似，单排扣门襟下摆处呈弧度，也被称为西装夹克。

21世纪以来，下摆的样式多样、长度不一，用抽绳使下摆可大可小；使用橡筋、罗纹收紧腰部；但长度超过臀部的夹克一般不用橡筋或抽绳收紧。如图2-42所示的夹克，衣长达到臀部以下，并无橡筋收紧且表现为宽松下摆，但在腰部适用抽绳突出腰线，内搭同色系衬衫使整体搭配具有层次感，夹克的多口袋元素也体现出休闲运动风格。如图2-43所示，夹克下摆适用抽绳设计做可调节腰部，视觉上分割上下装的区别。

下摆在服装整体结构中，常常被忽略，但夹克的下摆对整体风格有较大的影响，下摆也可以使用装饰性的纽扣、铆钉甚至抽绳、橡筋等辅料进行装饰。辅料的运用通常也决定着夹克产品的档次。因此，设计师在对夹克整体结构进行设计的同时，更应该注重下摆的设计，结合主题风格在设计上注重风格的表现（表2-4）。

图2-42　长款夹克❶

图2-43　帽式休闲短款夹克❷

---

❶❷ 图片来源：由劲霸男装（上海）有限公司提供。

表2–4 现代男式夹克变迁表

	20世纪70年代	20世纪80年代	20世纪90年代	21世纪
廓型变化	H型	O型	多样化	多样化
领型变化				多样化
下摆变化	腰臀间	腰臀间向上或向下	臀部间	多样化

4.3 中国男式夹克变迁的原因分析

改革开放，改变了人们的思想观念以及时尚需求，人们的经济生活、思想文化需求发生了巨大的改变，中国社会越来越向开放型社会转变，夹克作为纺织服装领域开放的象征，是人们现代化化生活方式的代表。随着物质生活水平的极大提高，男性着装的审美要求提升，对夹克的设计需求体现在面料舒适性、款式多样性、色彩独特性、图案丰富性，因此在满足消费群体需求的同时，探究其背后的因素，主要在社会经济体制的改革提升人民消费水平、扩大消费需求，海外影视作品的传播促使了思想的转变，纺织技术的发展提供了技术支持，以及无性别化服装理念的出现创新了设计思维，等等。

4.3.1 中国人民生活水平的提高为男式夹克的发展奠定了物质基础

改革开放后，社会经济水平提升，国家现代化程度逐步上升，经济体制的改革带动纺织服装产业的巨大发展。20世纪80年代开始，我国的经济发展进入快车道，城镇职工家庭收入持续增加，对于服装的需求也进入了快速发展时期，相比较70年代，人们的着装需求从实穿、耐用、价格低廉向时尚、美观流行性强转变，这是物质水平提高、人们基本生活需求满足的表现。到了1988年，我国城市居民消费出现了两个特点：第一是高档商品的迅速普及；第二是支出增长超过收入增长。期间，我国农民收入也大幅增加。随着经济的发展，提高了人们的物质生活及消费水平，职工收入和农民收入增长为男式服装消费提供了物质基础❶。国产服装品牌如雨后春笋拔地而起，给消费者以更多的选择，男性审美思想转变，对服装的美观度要求提升，是国内男装市场的一大契机，创新出一系列适合中国男性的服装款式，推动夹克品类的丰富化。在完成企业的资金积累后，创新设计出适合各行各业穿着的男性夹克，保持了服饰的多变性并完成了夹克的中国化设计，在款式廓型、面料、色彩上基于中国元素进行创新，将中国夹克带向世界舞台。

4.3.2 海外港台影视作品的传播为男式夹克的流行提供了思想准备

改革开放后，中国迎来一波海外影视剧的播放热潮，国外影视文化的传入，对中国男性服装的推动具有促进作用，人们跟随剧中人物穿起了牛仔服、喇叭裤、夹克等，模仿影视明星的穿衣模板，比如费翔、小虎队等当红明星。夹克的最初流行就起源于电影中男主角的代表穿着，塑造了硬汉形象引起国内男士的追捧❷。

20世纪70年代末，南斯拉夫电影《瓦尔特保卫萨拉热窝》和《桥》在中国热映，掀起了一阵南斯拉夫热，剧中的男主人公穿着夹克的形象备受关注，对中国夹克的流行产生了重大的影响。80年代初，日本电视连续剧《血凝》的播出给大众带来了新的服装款式，如"幸子衫""大岛茂风衣"等；上海电影制片厂推出的电影《庐山恋》中男女主角的服装丰富多样，成为当时国内最早引领时尚的先锋。

20世纪90年代末21世纪初期，韩国影视作品《天桥风云》《蓝色生死恋》的热播，剧中男女主角的服饰搭配影响着观众的着装风格，市场上出现大量韩国风格服饰。电影、电视是传播流行服饰有力的工具，它具有强烈的艺术感染力，带动观众的共情能力，使观众能够直观且生动地感受服装的动态效果，因此，海外影视作品的传入对男式服装的风格、流行以及穿着方式产生了深刻的影响❸。

---

❶ 张瑶瑶. 改革开放初期我国男装发展探究（1978～1989）[D] 北京：北京服装学院，2018：43-45.
❷ 张瑶瑶. 改革开放初期我国男装发展探究（1978～1989）[D] 北京：北京服装学院，2018：34-36.
❸ 吴志明，刘贝芬. 改革开放后影视作品对我国服饰流行影响研究 [J] 电影文学，2011（9）：127-128.

4.3.3　纺织服装技术的进步为中国男式夹克的发展提供了技术支持

技术是行业的立身之本，纺织技术的提高才能带来服饰的创新。在经济发展人民生活水平提升的前提下，服装数量需求及审美需求的增大，急需对纺织品面料及设计手法表现进行创新，市场需求的扩大迫使纺织技术进行革新。

20世纪80年代中期，随着服装产业在国民生活中地位的提升，拉动纺织服装产业链的发展，把纱线、织布、印染、服装设计等纺织产业链上的各个环节有效地结合起来，完善产业链的发展，降低成本、增强效率提供更强大的技术支持。夹克作为种类丰富的服装品类之一，所需的面料丰富、图案多样，对纺织技术的要求更高，整体服装工业发展的同时也要依靠科学技术的进步。在这一点上，我国服装工业做了以下努力：一方面，摆脱陈旧的设备，在20世纪80年代初期引进大量先进的设备；另一方面，培养先进的纺织人才，在全国各地创建纺织工业学校，如天津纺织工学院（现为天津工业大学）、武汉纺织工学院（现为武汉纺织大学）、北京服装学院等，培养了一批现代化纺织人才，为服装工业的发展准备了人才基础，使我国纺织工业真正登上了科技的舞台。

至今为止，服装科技在夹克领域有了长足的发展，各个品牌研发出制热大衣、气度夹克、3D打印羽绒夹克、智能温控暖芯夹克，依托科技创新，在满足消费者的保暖需求的同时，具有舒适、轻便、美观的功能，带给中国男士全新的着装体验。

4.3.4　无性别化的设计理念为中国男式夹克的发展提供了创新思维

21世纪以来，时装界的发展呈现多元化设计风格并存的状态，无性别化的设计理念也进入了发展较完备的阶段，男女装无性别化设计不再以互相模仿为主轴，主要以摆脱两性界限为主要设计理念❶。

20世纪80年代正值改革开放初期，牛仔裤、夹克等欧美服装火遍大江南北。随之而来的是街头亚文化、时装无性别化的传播。在夹克的设计中已经基本忽略男女特征的区分，但是在消费者的观念层面，无性别化服装的概念还很陌生。随着时尚风格的多元化，消费者追求与众不同的个性化，无性别化服装的概念被提出。2016年，ZARA率先在官网增加"无性别"购物门类并推出无性别化服装，真正将无性别服装的理念扩展到最基层，引领消费者对无性别服装的理解。2018年，国产品牌Bosie作为国内

---

❶ 严烨晖. 无性别化在当下时装设计中的应用研究［D］. 苏州：苏州大学，2019：16.

第一家主打无性别主义的快时尚设计师品牌，将新锐的设计理念融合入服装中，探索同时适合男女穿着的时装风格，其中夹克的设计风格多样，在设计中打破男女性别理念以时尚、美观为主，创新夹克的设计理念，其产品宣传图片都是以男女双性模特为主，展现服装的无性别主义（图2-44）。

图2-44　Bosie 2020AUTUMN《围合》夹克❶

在服装风格多元化的今天，无性别化服装的理念是顺应时代的设计方向，是服装发展至今所积累的设计概念的集合。对夹克的设计发展来说，它在设计手法上不拘于性别的限制和制约，男女特征被淡化、杂糅于设计之中，具有极大的包容性，使夹克的设计朝着多元化、个性化方向发展❷，将夹克推向更年轻、敢于挑战的人们。

4.4　结语

通过对改革开放后中国男式夹克在面料、款式的多元化变迁进行分析，探究男式夹克在四十年发展中的不同特点。改革开放初期，影视文化的传播将夹克带进中国，成为流行的服装款式之一，成为20世纪80年代最受大众欢迎的服饰之一，服装面料多以棉质为主，款式廓形多为H型，注重服饰的实穿性；90年代后，经济技术发展有了

---

❶ 石津川. 2020AUTUMN《围合》[DB/OL]. http://www.hellobosie.com，2022-03-17.
❷ 严烨晖. 无性别化在当下时装设计中的应用研究 [D]. 苏州：苏州大学，2019：9.

长足的进步，人民物质生活水平提高，人民群众开始有了对服装美的追求，夹克的款式变化越来越快，廓型从简单的H型增加了O型、A型、V型等各个造型，款式细节也有着不同的改变；进入21世纪，我国夹克的发展紧跟时代潮流，面料款式的变迁更多为流行服务。综上，男装夹克的变迁基于社会背景的变迁，也说明了服装的发展不能脱离社会政治、经济、思想文化的发展，它存在于整个中国社会大背景下。对夹克发展历程的探究，有助于我们对改革开放背景下男装发展的理解，探究服装发展背后深刻的社会含义。

5 中国男式T恤变迁（1979～2021年）

　　T恤是由"T-shirt"音译而来。T恤又称T型衫，起初是内衣后来才演变为外衣，包括T恤汗衫和T恤衬衫两个系列❶。T恤作为夏季衣着必备品，其款式众多且具有面料舒适、简约百搭等特点，深受男士青睐。T恤的历史最早可追溯到古罗马时期，直到20世纪中期才进入中国。T恤起初多是居家时穿着，后随着T恤的多元化发展，其功能还可作为宣传媒介，如旅游T恤。针对改革开放以来中国男式T恤的变迁，服装史学界已经有了一些研究成果，主要体现在以下三个方面：①从中国服装史视角下对20世纪80年代以来中国T恤演变进行分析，多强调服装设计风格的变迁，如范强研究了改革开放三十年中国T恤的服饰文化，阐述了各个阶段服饰风格的特点，并系统归纳了中国T恤嬗变的主要影响因素❷。②从世界服装史视角下对T恤历史及文化进行研究。於琳对T恤发展进程进行研究，总结了改革开放以来中国的各式T恤的演变特征❸。③从T恤图案的特征出发，结合流行文化分析T恤图案设计的影响因素，以此反映出改革开放以来中国男式T恤的变迁❹。由此可见，针对中国改革开放以来男式T恤变迁研究还不够系统与完善，还需要在艺术与技术、科学与文化的角度进行深入展开，还原这一时期男式T恤变迁的形式与本原。本节从男式T恤的款式、面料工艺、图案色彩以及变迁原因四个方面进行了分析，较完整地总结了改革开放以来男式T恤的发展变迁史。

5.1　中国男式T恤款式的变迁

　　早期T恤作为"舶来品"引入国内时，并不被大众接受，"西装热"被职场男士青

---

❶ 范强. T恤设计及其文化意涵 [J]. 装饰，2005（9）：126-127.

❷ 范强. 20世纪80年代以来中国T恤设计研究 [D]. 苏州：苏州大学，2007：10-26.

❸ 於琳. T恤的历史及文化研究 [D]. 苏州：苏州大学，2007：3-50.

❹ 夏权. 论流行文化对T恤图形设计的影响 [D]. 上海：上海师范大学，2010：5-30.

睐。而T恤款式单一，属于低档次类消费单品。随着时代不断发展，中国设计师从模仿到自主创新，设计出了别具一格的T恤，其款式创新变化主要体现在局部，如袖型、领口、下摆。从最初内着的汗衫到如今大街小巷常见的外着服饰，T恤跟随消费者的审美要求，逐渐推出多元化的风格。

5.1.1 从内衣化向外衣化转变

时至今日，T恤成为大众化的常服。旧时期T恤是劳动阶层服饰，如今成为男女老少皆可衣着服饰，这离不开消费者群体的青睐。男式T恤的变迁见表2-5，改革开放初期，中国打开国门，并积极引进西方的服饰文化。当时从西方借鉴的T恤是白色内衣款式，风格朴素，最经典的款式为短袖圆领的白T恤，整体廓型呈直筒状，已达到轻松舒适的要求。松松垮垮的老头衫以内衣的形式作为老年男子常着服饰，然而20世纪80年代后期，校园文化席卷而来，文化衫便开始流行，款式简单且价格低廉，易于大批量生产，从此T恤便开始往外衣化发展。人们的思想观念开始解放，T恤不再担任配角的角色，这种外衣形式深受年轻人喜爱。到了90年代，男装款式基本变化不大，受男装休闲化发展的影响，T恤被归类到外着服饰的休闲风范畴，消费者对于服装要求越来越高，致使T恤款式在细节之处发生变化，此时的T恤出现了长袖甚至无袖的形式，T恤的领型也从圆领变成了V领，两者结构上都在领圈部分加了边，看不出领子的廓型，由于这个特点导致T恤看起来十分休闲，T恤则渐渐成为男士的日常服饰并引领潮流。进入21世纪，T恤款式多，且抗过时性强，见表2-5，无袖T恤、短袖T恤、长袖T恤等的出现，不论季节如何变化，设计出不同的款式，能够满足消费者的不同需求，T恤不仅能内穿也能外穿。T恤的耐穿度及实惠的价格满足了大众的消费心理，成为外出时的首选服饰，同时也因为T恤方便的性能特点出现在了职场，在注重"领、袖"文化的中国，设计出了能看见领子造型的男式T恤，如借鉴衬衫的翻领、立翻领，这种款式的T恤被称为"商务休闲T恤"[1]。因此，便于衣着的T恤从内衣向外衣发展是必然。

表2-5 改革开放以来中国男式T恤款式变迁表

款式	背心（无袖T恤）	短袖T恤	长袖T恤
领型	无领	圆领、V领、翻领	圆领、V领、立领

---

[1] 陈仕富. T恤图案设计研究［D］. 长沙：湖南师范大学，2016：12.

续表

款式	背心（无袖T恤）	短袖T恤	长袖T恤
类型	内衣	外衣	外衣
演变特征	领子和袖窿大，直筒型衣身，无口袋，颜色单一	在无袖T恤的基础上加上两个短袖，成为典型的圆领T恤	将短袖T恤袖子加长，变成长袖T恤，能使人们在春秋季节同样可以穿着
图片参考			

5.1.2　从单一型向多元型转变

新时期的T恤的定义一直不清晰，款式简单，国内的T恤没有本土特色。长久以来，消费者一直穿着模仿国外设计的盗版T恤。20世纪80年代，T恤的款式风格保守单调，国外的T恤设计便是主流，类型局限于一种。在T恤款式上，无论是袖型、领型还是下摆处，造型简单缺少变化，主要用途仅仅便于百姓穿着。20世纪90年代初到90年代末，T恤开始往休闲化、个性化发展，T恤的风格逐渐自主，将美观与实用相结合的原则，运动风T恤开始流行，一些国外的运动品牌在国内出现，如耐克、阿迪达斯等❶。到了21世纪，在多元文化的背景下，T恤款式种类繁多，款式演变为合体型、宽大型及修身型。在此基础上，设计师注重T恤的细节设计，开始对款式进行增加或删减设计，如图2-45所示的拉链T恤、假两件T恤，其造型根据消费者需求而百变。T恤随着时代的变迁，承载了不同的文化体系，衍生出多元的形式。如今国内T恤市场庞

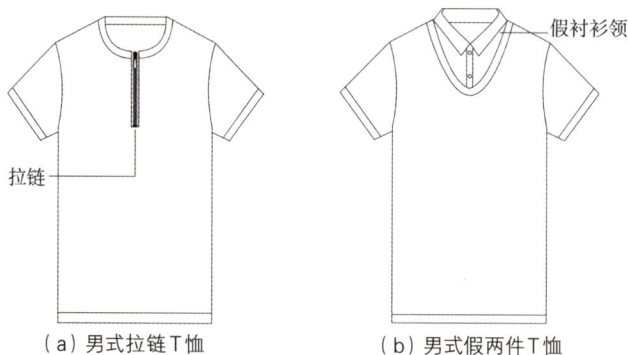

假衬衫领

拉链

（a）男式拉链T恤　　　　　（b）男式假两件T恤

图2-45　男式T恤的款式设计（库偲雨绘）

---

❶ 范强. 我国20世纪80年代以后T恤设计的演变 ［J］. 装饰，2007（7）：88-89.

大，原创T恤涌现，档次由低到高，不仅符合商用或民用，如广告T恤、旅游T恤、商品T恤等，与此同时，这些具有不同文化意义的T恤，赋予了中国T恤新生命。

5.2　中国男式T恤面料工艺的变迁

在改革开放初期，T恤面料多为纯棉，工艺简单传统，款式为宽大的白色样式。20世纪90年代时，针织面料的T恤逐渐大众化，成为深受人民喜爱的夏季衣着。到了21世纪，男式T恤面料呈多元化发展，纯棉、涤棉及纯真丝面料已经无法满足于男士消费者的衣着诉求，品牌开始重视各种高科技面料的功能设计。如今在以往的基础上，设计师们推出更新奇的面料组合方法，并开始采用特殊工艺制作T恤。从改革开放至今，我国男式T恤面料从纯棉质地到真丝、麻、毛、各种人造纤维以及混纺纤维，面料的多元化不仅适应了消费者的需求，还趋向于功能化发展，极大地丰富了中国男式T恤的种类。

5.2.1　T恤面料从单一化向功能化发展

在20世纪80年代初期，我国纺织品极度短缺，在1984年，多年的布票制度取消，我国的服装厂刚刚起步，纺织业体系还不完善，因此导致T恤面料单一。男式T恤面料多为纯棉、涤棉、化纤，其中纯棉T恤穿着舒适以及吸水性好，被大多消费者所接受。到了90年代，我国纺织业发展加速，这个时期面料品种增多，男式T恤面料除了以棉为主，根据消费者的需求还有麻、真丝、针织面料等。在市场上的高档T恤以纯棉高支纱为原料，受到消费者的欢迎；凉爽的麻纱T恤不仅有凉爽透气等特性，而且不易贴身；真丝类T恤富有光泽、悬垂性好，外表高级，深受女性消费者青睐。T恤成为男士夏日着装的大类产品，针织产品以其特有的弹性和柔软性满足男士消费者的需求。布利杰针织集团有限公司生产的T恤以超细涤/锦复合丝为原料，成功开发出印花凉爽丝T恤，符合夏日穿着，其复合丝面料轻柔、透气，导湿缩水变形小，弥补以往T恤面料的不足❶。由此可见，在20世纪八九十年代，制作T恤的原料有棉、麻、丝、毛等天然纤维，也有涤、锦、丙、黏等化学纤维；既有纯纺，又有混纺。不同的原料相组合，其T恤面料种类由单一化渐渐往多元化发展。

21世纪的T恤在高速生产力发展的前景下，在保证主要基础性能之上更加注重面

---

❶ 邵建奋，汪国昌，童锡军. 开发超细涤/锦复合丝T恤的实践与探讨［J］. 针织工业，1998（1）：46-48.

111

料的科技性，其高技术的运用是T恤面料设计的主心骨，融入新纤维和新技术来拓宽T恤的新功能。T恤不仅是年轻群体常穿的服装，而且是老年群体喜爱的产品之一。男式T恤面料选择存在局限性，李琼舟、王国书学者设计出保健型老年丝绸T恤，面料上选用天然丝绸面料和天然植物染料染色，在保证纯天然的同时，过程也环保，其中植物染料留存在面料上，被人体吸收具有保健功效，如用茜草和红花进行染色的真丝绸具有防虫、杀菌和保护皮肤的功效[1]。迈尔斯推出健身款T恤，采用Polartec技术，其面料组织结构采用双组分编织，具有机械式排汗和高透气性，T恤面料能实现快干的功能，且能延长T恤的寿命。近几年，出于特殊企业员工的生命安全，国内外企业开始大批量地用防静电防护工作服。华桂英、涂平莲、华伟杰、陈兰学者设计出新型防静电屏蔽T恤类服装，原料选用18.2tex精梳棉以及导电纤维，确保面料防静电性能，此款T恤不仅可以将员工人体自带的静电荷安全泄放，防止人体静电对电子设备造成不良影响，而且产品舒适，满足工作人员需求[2]。由表2-6可知，从改革开放至今，我国男式T恤面料从最初被消费者接受，到当前不同的面料性能去满足消费者的需求，从被动接受到消费者可以自主选择，可以发现我国的T恤面料呈功能化趋势。

表2-6　改革开放以来中国男式T恤面料变迁表

	20世纪80年代	20世纪90年代	21世纪
面料	纯棉、涤棉、化纤	纯棉、麻、真丝、针织面料、化纤、混纺	棉、麻、丝、毛等天然纤维
织物设计	单一	组合	多种面料组合
功能	被消费者接受	面料交织组合满足不同需求消费者，如超细涤/锦复合丝T恤	对面料进行创新，面料具有多种功能性来满足消费者需求，如保健T恤、快干T恤、防静电T恤等
趋势	单一化	多元化	功能化

5.2.2　T恤工艺技术从传统工艺向特殊工艺转变

在改革开放之前，男式T恤只是白色内衣的形式，其制作过程极其简单，面料种类单一，剪裁不复杂，更没有染色及印花工艺，所以在这个时期，T恤还是以低档次的

[1] 李琼舟，王国书. 保健型老年丝绸T恤设计思考［J］. 丝绸，2014，51（2）：47-50.
[2] 华桂英，涂平莲，华伟杰，等. 新型防静电屏蔽T恤类服装的研发［J］. 现代丝绸科学与技术，2019，34（2）：20-22.

廉价服装出现，但因其外表朴素且面料舒适，被普通百姓所接受。进入21世纪，随着机器生产自动化时代到来，造就了不同的材料开发和交织组合，制作工艺以及染色工艺得到了多元化发展，其印花工艺也随着高科技的发展变得更加多元和丰富。T恤的印花工艺不仅可以局部印花及满身印花，还可以进行水浆印花（主要用于白T恤）、胶浆印花、油墨印花、烫印、转移印花等工艺手法。其中，油墨印花对于各种面料均适应，采用电脑设计，符合当代自动化生产模式。在深色面料上印刷上图案，图案效果相比传统的胶浆印花工艺效果好，变成纺织行业最常用的一种工艺方式。根据不同的经济产业需求，衍生出了不同风格的T恤，并且逐渐扩张到社会的各个领域。T恤的印花工艺的彩色阶调网版印刷技术逐渐走进国际化市场，通过网版印刷技术可以让照片、绘画及喷绘效果便利地在T恤上得到再现。T恤的外观发生较大变化，在装饰工艺中设计师开始自主创新，如采用了刺绣、拼接、嵌条、镂空、手绘等；为了使T恤更加具有艺术气息，还会采用特殊工艺如防染印花、拔染印花、蜡染及扎染等工艺，使T恤更加独一无二。进入21世纪后，T恤的工艺不仅只是停留在表面，而是将图案色彩与面料工艺进行创新组合运用，如多种面料组合，面料组织结构与印花组合，染色工艺与印花、绣花及其他工艺方式组合，来产生出不同的特殊效果与变化。近几年，随着印染工艺的进步，T恤的制作越来越离不开印花技术，全新的数码喷墨印花技术出现，摒弃了传统印花技术需要制版的复杂环节，可以直接在T恤上喷印，使印花更加清晰，消费者还可以自己DIY制作。T恤制作还出现了发泡印花、植绒印花工艺，使T恤图案部分具有了浮雕效果。改革开放至今，我国T恤的工艺技术不断变化，现在的T恤不仅是在图案工艺上设计，也打破了只以传统针织面料为主的工艺制作方法，突出了特殊工艺的组合方法，综合运用不同工艺方式，使T恤传达出不同的含义。

5.3 中国男式T恤图案的变迁

图案的运用决定着一件T恤的风格，图案能充分表达出消费者心理变化以及精神面貌。同时，图案的运用亦能决定着一件T恤的附加值，其图案信息可传递出当下的社会文化。如今，T恤的图案色彩丰富，图案类型从强化性别向弱化性别转变。图案从风格上划分有运动风、童趣风、文艺风和民族风等，从具体图形上划分有文字类图案、图形类图案、人像类图案和几何类图案等。图案已然变成凸显T恤特色的灵魂所在，是T恤上的重要的组成部分。

5.3.1　图案色彩从少向多转变

色彩是T恤的图案设计中至关重要的一点，仅有图形的呈现是不够出彩的，如果巧妙地将图案色彩运用到T恤上，能营造出不同的视觉效果。在20世纪80年代初期，我国的T恤以模仿为主，T恤的色彩单一，颜色纯度较高，主要以简单的纯白为主，T恤图案色彩的变化小，大众之所以穿着T恤，主要因为其方便、轻松、舒适的特点。随着时代的不断发展，90年代的T恤展示出了现代美，T恤风格的多样化使T恤的图案颜色不再单一，注重其休闲实用理念的同时具备个性化的美。在90年代中期，运动风的出现使T恤颜色更加多样化，如红色、白色和橙色等。进入21世纪以后，男式T恤的风格越来越丰富，根据大众需求出现了商务风格、运动风格、童趣风格、前卫风格和民族风格等。商务风格T恤颜色主要以深色系为主，如黑色、深蓝色、灰色等；运动风格T恤主要以靓丽的颜色为主，如红色、蓝色、橙色等；童趣风格T恤以鲜艳的颜色为主，如粉红、青绿等；前卫风格颜色以撞色为主，如黑色、白色；民族风格T恤以中国传统色彩为主，如红色、黄色❶。总之，T恤的图案色彩的多样性以及包容性涵盖面广泛程度满足了不同消费者的需求。

5.3.2　图案从强化性别向弱化性别转变

改革开放初期，T恤的出现改变了人们的审美观念与生活方式，但男女在穿着类型方面还是有差异。长久以来，传统的男子汉形象已经在人们心中形成了刻板印象。在这个时期，男子不能过多注重衣着打扮，要富有阳刚之气，且着装要干净、大方。男士在休闲时衣着的T恤图案要简洁，甚至是无图案的纯色T恤，要从外表形象上凸显男性的阳刚之美。到了经济加速的20世纪90年代，西方男女地位平等、自由，逐渐使男性形象发生改变，男士衣着形象日益宽容。这一观念传入中国男装的设计中，才得以使男性在思想上开放，摈除了对于男性硬气形象的枷锁，逐渐开始尝试中性化风格，来缓解紧张工作氛围带来的压力。男性的衣着形象逐渐从阳刚之美变为中性之美，表现了男士的浪漫、儒雅的气质，服装的图案、色彩和面料都开始向中性化发展。此时的男式T恤图案色彩斑斓，在硬朗的廓型中运用了细腻的缝纫线构成花恤，如图2-46（a）所示，卡宾在男式T恤图案加入碎花、烫印花等元素，增加男性柔和感，其色彩也会使用艳丽的颜色，来达到一定视觉冲击力。还可以采用提花工艺，如

---

❶ 夏冬琴，王莹莹，吴志明. T恤定位图案的艺术特征［J］. 丝绸，2019，56（12）：86-91.

图2-49（b）所示，马克华菲加入女性元素来凸显都市男性魅力。到了21世纪，T恤成为世界最流行的服饰种类之一，男性的阳刚形象逐渐弱化。T恤的图案不再只是简单的平面（点、线、面）的形式，同时还有立体的表达手法，即在原有的图形基础上进行二次创新设计，加入珠饰、布贴、蝴蝶结等方式如图2-49（c）所示使T恤图案看起来立体生动。这时男式T恤逐渐变得无性别化。潮牌的流行改变了对于男士服装一贯的看法，众多潮牌T恤设计都体现了无性别差异，如图2-49（d）所示的情侣衫，受到大量情侣们的追捧。由此可见，我国男式T恤图案发生了从强化性别差异向弱化性别的转变，体现了人们审美观念的多元化，同时也是我国男装变迁的一个缩影。

（a）卡宾男式T恤❶　　　　　　　　　（b）马克华菲男式T恤

（c）中性化款式男式T恤❷　　　　　　（d）Stayreal机器猫系列情侣衫❸

图2-46　男式T恤的图案变迁

5.4　中国男式T恤变迁的推动力分析

改革开放四十年，男式T恤的革新为消费者带来了更高级的衣着体验，款式风格、面料工艺、图案色彩等更加新颖，且符合消费者需求。推动男式T恤变迁原因有很多种，主要有休闲服饰的流行、商业营销、审美观念等因素。

❶ 图片来源：蔡蓓. 现代男装设计风格异性化研究［D］上海：东华大学，2007：80-83.
❷ 图片来源：张梦如. "中性化"元素在男装品牌设计中的应用与推广［D］杭州：浙江理工大学，2018：21.
❸ 图片来源：徐欣怡. 国内外潮牌T恤设计对比研究［D］上海：东华大学，2013：58.

5.4.1　休闲服饰的流行是推动中国男式T恤发展的基本动力

休闲服饰以便捷自由的特点成为男士在职场和日常生活中的主要衣着选择。改革开放初期为模仿阶段，外来文化冲击了陈旧体制。西方休闲服饰流行起因逆反心理的萌芽，而我国对其进行了盲目的模仿，将T恤等舶来品直接引入中国，休闲的意识被大众所普及。西方服饰休闲化的兴起，不仅符合了人们的心理功能，舒适程度也符合了生理功能的需求。简约宽松且不拘泥的T恤成为普通人生活中的必需品。到了20世纪80年代，休闲服饰初露端倪，T恤由内衣转化为外衣的穿着方式受到青年人的追捧，促使休闲服饰在国内刮起一阵风潮。20世纪90年代开始回归自然，随着环保意识的不断提高，服装风格越发呈休闲化趋势。在自由环保的背景下，为满足休闲服宽松舒适且符合人体工程学等特点，服装面料要求更加绿色纯天然。因此，贴身的休闲T恤不仅穿着更加健康，而且成为休闲服的亮点。为满足不同消费群体的需求，随之出现多种风格的T恤服装，比如商务休闲风T恤能很好地满足快节奏下职场男性的需求。21世纪人们开始注重自主创新，"休闲"一词已经成为服饰设计中不可或缺的关键词，与人们的生活化息息相关。休闲服饰品类繁多，且日益趋于系列化，这离不开我国设计师们对T恤的不断创新。如今，休闲服饰早已渗入人们的生活，男性无论是家居、出游、工作，都喜爱穿着T恤，我国男式T恤的嬗变也随着休闲服饰的流行而演变。

5.4.2　多元化商业营销是推动中国男式T恤发展的重要力量

带有文化倾向色彩特性的T恤不仅是对文化含义的表达，而是作为一件外显商品连接着文化与商业。商品时代背景下，男式T恤的流行价值得到了大众认可，其多重功能性推动了社会的发展。改革开放初期，在社会发展的进程中，电视是国民了解服装信息的主要途径，其中一些国外影视剧里的服装成为国内流行的要素。由于政策强调注意衣文化，我国关于服装的杂谈类文章出现在时尚媒体，如时装杂志、服装期刊、书籍上。在1989年，杂志《时装》的首刊占据榜首，这种营销形式得到了大众的喜爱❶。在服装杂志上会有国内外的服饰潮流信息，T恤的舒适、简洁的特点被消费者青睐，久而久之，阅读杂志的习惯逐渐成为人们生活中的重要组成部分。20世纪90年代许多关于T恤的专卖店开始出现，成为新的营销形式，其中不乏一些中国的原创设计品牌，如Rose—weapon，在设计上采用现代与传统相结合的手法，表现中国传统文化图案的

❶ 张瑶瑶. 改革开放初期我国男装发展探究（1978~1989）[D]. 北京：北京服装学院，2018：67-69.

T恤，吸引着"小资"们的追捧❶。T恤的功能随着不同商业营销的传播，发展的商业类型越来越多，出现了广告T恤、旅游T恤、品牌T恤、DIYT恤、药用T恤等，其中广告T恤上印一些公司LOGO、公司商品以及宣传语，当这种T恤被人体衣着，在无形之中会成为流动"广告牌"，这样自然产生一种新的商业营销模式，更加推动着T恤的演变。随着科技不断发展，商业营销模式逐渐多元化，互联网络发达使传播途径产生巨大的变化。微博逐渐成为一种营销方式，不断地充盈着人们的生活。不管是个人还是企业或者品牌方都可以在网站进行注册，通过自身的衣着打扮的图片吸引大众的兴趣，达到营销效果。商业的发展扩大了T恤流行范围，人民生活水平日益提升，消费者的观念逐渐成熟，现代消费社会的要点就是信息的传导，T恤成为一种商品宣传的途径。用T恤这一流动性强的消费品进行传播，来抓住消费者心理刺激购买欲❷。此外，T恤还具有公益事业的作用，T恤被用来表达心理情感和倡导理念，如生态环保、关爱红十字会、爱护动物，用这些带有纪念意义图案的T恤向世界宣传，传递出了国人美好愿景。而今的互联网社会经济发展迅速使流行文化传播更加便利，人们通过电视、网络、杂志等多样化的媒介工具，以及用电子的形式来构建一种生活方式，这种多元的营销方式让T恤随着流行而来，不断推进男式T恤进行的演变。

5.4.3 审美观念的多元化是推动中国男式T恤发展的根本动力

如今，男式T恤不仅仅只是遮蔽身体的服装，而是映射出了中华民族的文化内涵与审美情感，其审美观念的多元化潜移默化地影响着中国男式T恤的发展。早在改革开放初期，中外文化交流频繁，致使洋服的出现打开国人的眼球，普通人渐渐开始有了流行观。20世纪80年代的影视剧里，男性衣着西装笔挺，男子味道浓烈，为了凸显男士自信，开始风行西服、衬衫等衣着方式。男性服饰开始倾向中规中矩的庄重、简约风格，如适合洽谈合作的商务POLO衫，与中山装及我国古代传统服饰的繁缛文化形成强烈的对比。在审美观念开放的90年代，男性服饰趋于中性化，衣着式样已经不再是以往的传统硬汉形象，其设计开始借鉴女装元素。男装摈弃性别差异不再"抑性"，而是彰显"异性"的男装已经走在国际化的潮流前线。这个时期男士开始关注自我形象，在男式T恤上会使用丝麻混纺面料来突出男性的肌肉曲线，也能将制作女性服饰的天然面料"拿来"制作男装，如大豆纤维等制作出来服装轻薄飘逸。进入21世纪，

---

❶ 郭海梅，沈雷. T恤文化发展及其设计探讨 [J]. 现代商贸工业，2007（11）：283-284.
❷ 朱维. 插画艺术在T恤上的运用研究 [D]. 北京：北京服装学院，2010：21.

美的衡量已经不是单一的，服饰风格呈现个性化、中性化甚至无性别化等多元化的格局。男式T恤的款式更是如万花筒般多姿多彩，成为大众常服，这个时期男性审美观念更加倾向自我形象与服装气质合一。在夏季，男性常常根据不同的休闲娱乐场合和工作场合来选择适合个人形象的T恤。近几年，极具设计感的潮牌T恤适合男性的个性审美需求来凸显前卫时尚，潮牌T恤加入传统元素色设计，也可以对T恤袖口、领口处进行不同材质的重组。总之，审美观念的多元化不仅使国人思维开放，也使设计师思维更加跳跃，从而设计出了不同风格的男式T恤来不断提高审美，推动着男式T恤发展的变迁。

5.5 结语

随着时代的变迁，男式T恤产业经历了逆流而上的发展。T恤能适应不同场合与年龄层次需求的特性使其变成了男士不可替代的百搭单品，同时也成为夏季消费者购买的代表性产品。从改革开放初期的"拿来主义"再到21世纪我国的自主创新，T恤款式从单一化发展成多元化，促使男式T恤内外兼并；其面料从单一趋向功能化，工艺革新使T恤越来越注重舒适、休闲等功能；其图案也从强化性别向弱化性别发展。快节奏的环境变化，使传统的男性角色发生"大"变化，使T恤设计向中性化发展，成为时尚潮流的代表之一。纵观T恤四十年的发展史，通过对改革开放以来中国男式T恤变迁的具体分析，发现了男式T恤在男装中的重要性及对中国男装产生了深远的影响，男式T恤朝着多元化、功能化、中性化的方向发展。随着休闲服饰的流行、多元化商业营销、审美观念的推动，中国男式T恤产业经受住了时间的磨炼，并逐渐出现在了世界的各个角落。

6　中国男式衬衫变迁（1979~2021年）

衬衫，可以穿在内外上衣之间，也可单独穿用，目前我国衬衫样式分为中式衬衫和西式衬衫❶。衬衫作为男士最重要的服装，在许多重要场合与休闲娱乐中经常出现。在工作中，男士可根据场所与交际需求，来搭配适合本人形象的男式商务衬衫；在生活中，男士可根据自己的心情与审美要求，来穿着不同风格的休闲衬衫。无论是从场合还是穿着的频度及穿着者年龄来看，衬衫都是受广大男士消费者喜爱的一款服装。

针对改革开放以来中国男式衬衫变迁的问题，服装史学界已经有了一些研究成果，主要体现在以下三个方面：①从中国服装史视角下对改革开放以来中国男式衬衫嬗变进行分析，强调服装文化与思想的变迁，如吴志明、刘梦研究了改革开放三十年中国的服饰文化，阐述了各个阶段服饰文化的特点，并系统地归纳了中国服饰文化嬗变的主要影响因素❷。②从衬衫工艺的角度进行实验分析，阎玉秀、金子敏等通过对男式衬衫基型进行研究，涉及改革开放以来中国的各式衬衫的款式与板型❸。③从男式衬衫的特征出发，结合男式衬衫数据库的构建，其中涉及改革开放以来中国男式衬衫变迁的内容❹。由此可知，针对中国改革开放以来男式衬衫变迁研究还不够系统与完善，还需要在艺术与技术、科学与文化的角度进行深入展开，还原这一时期男式衬衫变迁的形式与本原。笔者认为，从男式衬衫的面料、款式、风格以及变迁的原因四个方面能够完整表达改革开放以来男式衬衫的发展变迁史。

6.1　中国男式衬衫面料的变迁

面料是服装设计的重要因素之一，衬衫面料的选用可以很好地诠释整体人物视觉

---

❶ 董心怡. 男式衬衣衣领造型对整体风格变化的影响研究［D］. 天津：天津工业大学，2017：7.
❷ 吴志明，刘梦. 改革开放三十年中国服饰文化的嬗变［J］. 艺术百家，2012，28（S1）：32-35.
❸ 阎玉秀，金子敏. 男衬衫基型之研究［J］. 纺织学报，2005（3）：125-128.
❹ 曹兵权. 男衬衫特征研究及其数据库的构建［D］. 苏州：苏州大学，2017：8-34.

形象。最初的衬衫面料制作选用天然纤维面料，如纯棉面料和麻面料。随着时间的推移，高档衬衫的区分来自衬衫面料是否100%纯。20世纪80年代，中国衬衫面料在数量以及质量方面都产生重大的变化，截至2005年年底，中国生产衬衫数量占据全球总量70%以上，中国衬衫面料发展逐渐处于世界先进水平❶。衬衫面料技术的成熟，离不开我国纺织机械的技术进步和纺纱技术、织造技术的发展。

6.1.1 衬衫面料种类变迁趋势

改革初期，衬衫多为纯棉衬衫，纯棉面料具有吸湿、排汗、透气等功能，穿着亲肤舒适，且面料易上色，同时适合消费者衣着要求，因此，纯棉衬衫迅速成为市场上销售火爆的产品。衬衫向外衣化发展，衬衫面料的选择不单单局限于纯棉材质，而是将女性面料运用到男式衬衫上，呈现出中性风格。随着纺织技术不断地发展，许多新型化纤面料在服装纺织品中成为焦点。化纤和天然纤维的混合织物，极大地改善了服装性能的缺失部分并扩充了面料的种类。这时期的纺织品有了巨大的发展，一方面，是新面料品种趋于时尚化，另一方面，一些毛蓝布、织锦缎等传统织物随着流行趋势的发展逐渐萎靡。在棉型织物中，混纺、色织和印花等工艺成为服装面料织物设计的主要方式。此外，还有各种比例混纺的涤棉织物、色织拉绒衬衫、棉花棉布等。20世纪80年代晚期，开始流行丝绸面料直至90年代初期到达巅峰，麻织物还是多以传统为主，人们对于面料清凉性的需求高于保暖性，纺织面料向轻薄化方向发展❷。卡宾的设计师采用了大量女装面料运用于男装设计，如半透明水彩印花棉布、刺绣、镂空等面料。这类衬衫面料较为女性化，使男性形象趋于柔情。20世纪90年代，马克华菲在中国具有一定的领先优势，该品牌以"简洁、精致、优雅、轻松"为主，衬衫多选择柔软、浪漫的女性化面料，以棉麻为主，运用巴黎纱、起皱棉、棉涤混纺的面料使衬衫更加青春❸。21世纪，随着人们环保意识的加强，衬衫面料趋向环保化，并出现了一些环保面料，如天丝面料。

如图2-47所示，改革开放以来中国衬衫面料的发展演变。改革开放初期衬衫面料主要以纯棉的天然面料为主，但是存在纺纱制造技术有限，环境污染问题严重。随着纺织工业技术的发展，衬衫面料种类增多，开始出现化纤和混纤等面料。到了21世纪，人们

❶ 林晗，霍德薪. 衬衫面料漫谈［J］辽宁丝绸，2015（3）：18-19.
❷ 张瑶瑶. 改革开放初期我国男装发展探究（1978～1989）［D］. 北京：北京服装学院，2018：66-67.
❸ 蔡蓓. 现代男装设计风格异性化研究［D］. 上海：东华大学，2007：80.

燃起对"新天然"面料的喜爱。不同于过往天然面料，"新天然"面料不仅要求面料本身纤维来源绿色天然，在面料加工过程中也需要绿色环保。消费者对面料喜爱的变迁一方面体现了纺织技术进步的，另一方面也暗示了人们消费理念与生活观念的转变。绿色、可持续等理念的兴起，消费者越来越注重衣着舒适性和面料环保性，这也催生了更多高新纤维材料在衬衫面料上的使用，"新天然"面料已经成为当下研究和使用的重点。

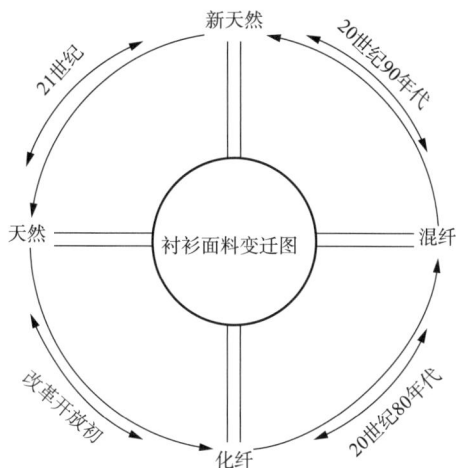

图2-47 衬衫面料变迁图（库偲雨绘）

6.1.2 新技术带来的新面料

当前男装市场上拥有各种款式、颜色和面料的衬衫。纺织新技术的运用和革新与国家政治经济发展的水平的高低息息相关，高新技术材料和整理技术的开发和应用为市场需求创造有效条件。加入国际贸易组织之后，我国针对纺织工业所面临的问题迅速进行了调整，加强了纺织工业的建设。20世纪80年代，消费者对纺织面料的要求不单纯局限于保暖，而是要求更轻薄、凉爽，并且具有某一种的性能，如达到防水、抗辐射、抗静电等其中一种功能。90年代中期进入全面发展时期，人们对纺织品的功能需求更加多样，期望能同时具备多种功能。21世纪，我国纺织工业发展呈后起优势，通过高新纺织技术，与原材料进行交叉、组织、筛选、挖掘出了多样化的新型材料。近几年，有学者对于棉型吸湿、凉爽机织衬衫面料进行开发，通过交织方式的组织结构提高了面料的吸湿、凉爽性能，深受消费者青睐，并为企业增加良好的经济利益❶。

---

❶ 刘政钦，徐有亮，倪爱红，彭绪庆，王春燕. 棉型吸湿凉爽机织衬衫面料的开发［J］. 棉纺织技术，2019，47（11）：33-37.

涤棉衬衫硬挺有型、易洗易干、结实耐用，广受消费者喜爱，但其面料吸湿性差，穿着舒适性不佳。对此宋波开发出了多元混交府绸面料（竹／涤／棉／麻混交），改善之前的缺陷，提高舒适性的同时也提高了衬衫防辐射、抗紫外线和抗菌功能❶。随着消费者对服装要求更具功能性，纺织品也变得更加需要技术性，纺织高新技术和纺织材料在将来正向着可持续、绿色环保、科技智能发展。

整理技术是服装加工的最后一道工序，可以改善织物外观和手感，并增进服用性能和稳定尺寸。20世纪90年代中期，雅戈尔从日本、美国引进了HP免烫技术、VP免烫技术、DP免烫技术和纳米技术，并自主创新在我国先后开发了"HP整理棉免烫衬衫""VP棉免熨衬衫""全棉免熨衬衫（DP）的加工方法"。其中VP棉免熨衬衫运用纳米技术与免熨技术，这些技术可使衬衫起到抗皱、吸湿、易干和去污等多种功能。雅戈尔通过引进先进技术加以不断创新，加强了衬衫功能的多样性，其免烫技术成为我国纺织业自主开发的经典之作❷。在随后的发展中，许多新型的整理技术也被不断地开发出来。鲁泰纺织运用树脂整理工艺针对衬衫面料以及缝线部位进行免烫效果处理，对免烫衬衫生产技术进行了创新，满足了当下市面对于衬衫性能的多种要求❸。浙江乔治白服饰股份有限公司采用记忆整理配方与工艺设计的方式，开发出了"全棉记忆衬衫"，该产品具有外观平整性高、面料绿色环保、防皱等特点。纺织技术与整理技术的发展重点在于创新。消费者对于衬衫多功能的要求越来越高，这需要纺织技术人才不断进行技术创新。只有更多的新技术运用到纺织生产中，才能推动纺织业继续蓬勃发展。

6.2 中国男式衬衫款式的变迁

中国古代也有衬衫，在周代被称为中衣。然而，当今中国男式衬衫的款式与形式却起源于西方，深受西方服饰文化的影响。在改革开放初期，衬衫作为西装三件套里的重要配角之一，在内层扮演着特殊的作用。根据场合的不同，可将其划分为商务正装衬衫和商务休闲衬衫两大类，既可外穿也可内穿，甚至内外兼穿。相对于其他品种服装来说，改革开放以来，中国男式衬衫整体变化并不大，从最早欧洲的宽松板型发

❶ 宋波. 多元混交府绸面料的开发与生产［J］. 上海纺织科技，2021，49（2）：42-44.
❷ 郭燕. 雅戈尔自主创新技术引领传统衬衫产品升级的实证研究［J］. 纺织导报，2009（1）：22-25.
❸ 刘政钦，秦达，宋海燕. 纯棉衬衫成衣免烫整理加工技术［J］. 山东纺织科技，2010，51（1）：20-22.

展到现在的修身合体型，如今的衬衫整体廓型也基本保留（H型、X型、V型）。因此，改革开放以来，男式衬衫只会在局部存在变化，如衣领、袖口等处。

6.2.1 男式衬衫领型的变化

衬衫的衣领是整个服装组成中最重要部分之一，古人制衣时就有"提纲挈领"之说，说明古人很早就认识到领的重要作用。由于领子直接触碰到颈部的皮肤，不仅是设计衬衫结构中的重要因素，同时也影响着人们的视觉焦点。领型的变化种类繁多，自古至今，按照穿着衬衫的场合领型有职业风格、休闲风格、正式场合风格、演艺类风格；按照领型样式又可细分为有领与无领、连帽领与翻领，其中常见的主要有标准领、敞角领（温莎领）、异色领、暗扣领、长尖领、纽扣领、棒球领、翼领等。

改革开放之前，中国经济落后，人民群众因为贫穷，没有购买新衬衫的能力，一衣多穿与假领子出现，方便了人们穿着以及利于清洗，假领子的功能在一时受到了群众广泛运用❶。20世纪70年代末期，亚文化席卷而来，城市时髦青年是最早受到西方新观念影响的群体。他们是改革开放后时尚流行的先行者，当时这一群体男子最典型的装扮是留及颈长发、戴蛤蟆镜，穿尖角领花衬衫、喇叭裤、尖头皮鞋。其中尖角领花衬衫的领子（图2-48）呈锐利的尖角形，主要分为长尖角领和短尖角领，长尖角领型更长、更尖利。当时穿尖角领花衬衫亚文化青年走在时尚前沿，尖角领的复古风穿着在如今看来依然前卫、时尚，并且出现在各大国际时装周。

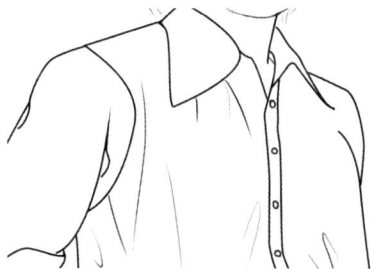

图2-48 20世纪70年代末的尖角领花衬衫领子类型（库偲雨绘）

20世纪80年代，随着西装热的到来，与西装搭配的衬衫领型，有着至关重要的地位。当时衬衫领型基本沿用领角之间距离适中的标准企领（标准领），男式衬衫在该时期开始两极分化，有了正式与休闲之分，并且衬衫逐渐外衣化。领角的大小、形

❶ 于丹. 建国后至20世纪初中国服饰流行的研究［D］. 长春：东北师范大学，2012：11.

状的变化也是潮流趋势之一，这时领角部分出现了纽扣，用来固定衣身的形式。领型的变化可以弥补脸型的缺陷，修饰脸型，从领型的选择给人视觉上提升或降低职场的形象感。

21世纪以来，衬衫领型的设计在历史的发展中不断变化，现在衬衫领型种类越来越多，结合市场上各式各样的衬衫领型（图2-49），分类的依据可根据领角大小、形状、距离，领面宽度大小、领子的颜色、样式以及左右领角展开角度、按照领型进行详细分类。

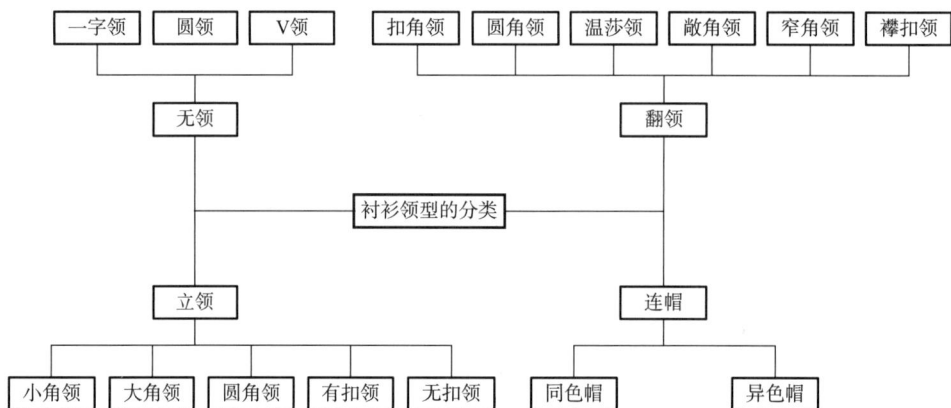

图2-49　现代衬衫领型的分类（库偲雨绘）

服装设计师对于领型持续设计创新也是变化的因素之一。设计一款新颖、奇特且适配于任何风格服饰搭配是较难的，这需要大量的头脑风暴以及对于衬衫的了解。针对立领的设计而言，将领角部分往前折，可形成适合出席宴会的翼领，也可形成无扣式的中华立领和扣立领❶。领型的装饰设计也是取决于一款衬衫时尚与否的关键点，衬衫领部的装饰手法可通过对面料进行压褶、抽褶、捏褶、波浪花边等工艺设计，同时可以进行镶钻和刺绣进行加法设计，不同的形式的体现能够准确表达设计师的想法，且通过一道道工序的领型设计能够展示出精致的衬衫。例如，在2010年春夏男式衬衫领的设计当中，主要注重于面料的材质与颜色的对比，同时加入细节上的改造，如领面LOGO装饰、反面花纹、图案设计等，从这些设计体现衬衫的变化。随着中国经济的不断发展，中国的服装设计已经逐渐走入时尚前端，为顺应这一脚步，应该更加注重领型的设计，努力在设计上凸显中国文化的传统特色，将中国风衬衫推广到世界各地。

---

❶ 陈英，史明玉. 现代商务男衬衫的综合设计研究［J］. 轻纺工业与技术，2015，44（2）：33-38.

6.2.2　男式衬衫袖克夫的变化

袖克夫也叫袖头，是衬衫的重要展示部件。袖克夫样式从传统到现代，其变化十分微妙且丰富，细小的变化才能彰显男士品位的不同。改革开放初期，随着服装产业的崛起，知识青年常穿着白衬衫，袖口装圆头袖克夫，后来受到外来文化的影响以及西装三件套的普及，男式衬衫中开始出现双袖克夫袖。20世纪90年代，衬衫正式与休闲了区别，衬衫袖克夫随着衬衫风格的变化也随之改变。直到21世纪，衬衫有欧洲的美式、法式、意式、英式以及中式多种风格，衬衫款式分为长袖衬衫与短袖衬衫，其中半袖衬衫有平口和叠口，长袖袖口则是根据衬衫风格衍生出各种各样的形式。如今，常见的袖克夫样式是单层纽扣，袖口的宽度往往影响着扣眼和横竖纽扣的数量，纽扣可根据衬衫风格选择金属或塑料材质，袖口的两端形状有圆角、斜角、方角。双层叠袖常见于法式衬衫，法式袖克夫是最具经典的样式，是出于御寒目逐渐产生的，最突出的设计点是精美的叠袖和袖克夫，可搭配正装和礼服。袖克夫的样式也多种多样（图2-50），按照款式主要分为截角、圆角、法式（袖扣）、直角，按照袖克夫纽扣数量分为有一粒扣与两粒扣，按照排列方式有横竖排之分。

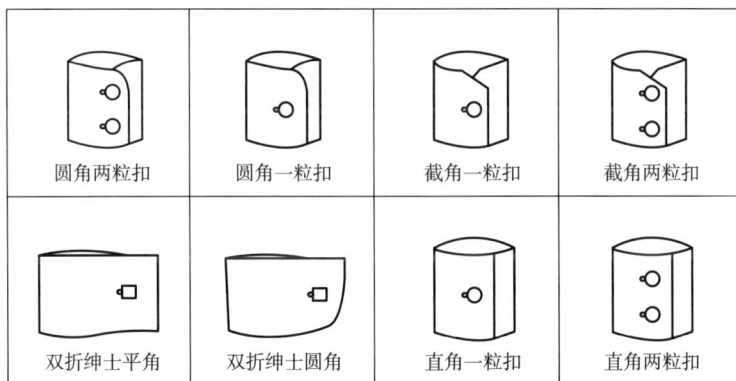

圆角两粒扣	圆角一粒扣	截角一粒扣	截角两粒扣
双折绅士平角	双折绅士圆角	直角一粒扣	直角两粒扣

图2-50　男式衬衫袖克夫样式（库偲雨绘）

袖克夫上的纽扣不仅有装饰性作用，同时具有调节袖口松紧或延长袖口功能，其中法式衬衫的袖克夫会用到较为装饰性的纽扣，材质常见为宝石和贵重金属，展现男性高贵、优雅的形象。此外袖开衩也是男式衬衫变化的要素，多为宝剑头，也可以根据衬衫的类别设计成圆头、方头、月牙圆或者斜角等，袖开衩中间常有一粒扣，主要为了活动时搭缝不易张开。显而易见，衬衫作为男士现在工作、娱乐中不可或缺的必备单品，与具有功能性和装饰性的袖克夫变化是分不开的。近几年往数字化发展，对于袖克夫的智能创意设计比比皆是，这也是男式衬衫通过历史发展嬗变的关键之处。

6.3 中国男式衬衫设计风格的变迁

长期以来，男式衬衫早在新时期便随着西装的出现引进中国。直至今日，中国服装设计师从模仿到创新，设计出不少有中国自己特色的衬衫。20世纪80年代，男式衬衫的风格发生了很大的变化，服装以正式和休闲开始区分，产品逐渐开始细分并往时装化发展。90年代是个蓬勃发展的年代，计算机时代来临，数字化进程驶进，改革开放的功效跨越了一大步。物质水平的提升，人们对开始外露自我高级生理和心理需求，追求服装的多变性，寻求适合自己的个性化服饰。在这一时期，衬衫呈现时装化、休闲化和外衣化，专家们强调衬衫的"重心"在肩部而不在腹部，使穿着者能显示个性美[1]。衬衫从过去内衣形式完全剥离出来，同时甩掉了领带的束缚，逐渐以外衣的模式印入大众视野，如休闲衬衫宽松舒适，活力自如，也能出席职场、娱乐活动、婚礼宴会等场合。21世纪的到来，现代男性的风格是温柔和自信并存。设计师们牢牢抓住了市场和流行的变化，用柔软的设计思维注入僵硬的男性形象，改变烦闷、单调的都市男性形象，从单一化往中性化发展。时尚化的解构主义、复古风、oversize风、简约风的男式衬衫备受青年男士喜爱。近几年中式风的出现，加入中国元素，中西结合手法有利于发扬中国服饰文化的传播。衬衫步入产品风格细化时代，衬衫经历了休闲化、时尚化等一系列风格的转变，不再成为西服的配角，而是成为男士衣着习惯的首选方式，担当整个服装风格的担子。

6.3.1 从单一色彩向多样色彩转变

在改革开放初期，政策的改革促使经济空前活跃，文化交流往来频繁。男装领先革新且带动与西服配套的衬衫款式在中国流行，在色彩上摆脱了之前陈旧的暗色系，国家领导人衣着从中山装转变为西装内搭白衬衫出席各大会议，从此白衬衫成为职场男士的重要服饰。20世纪80年代，回归的意识来临。回归的出现是对自然的渴望，中国的服饰追求自然和谐美，色彩不再亮丽，款式不再夸张烦琐，开始追求简约、舒

---

❶ 刘国太. 衬衫推出新款式，牛仔服风流不减［J］. 消费经济，1995（2）：42-43.

适、色彩上的自然原色❶。在衬衫的色彩方面，以白色为基色，红色、橘红色、咖啡色将会走俏。

21世纪，随着服装个性化与多元化的发展以及人们思想的解放，男式衬衫用色发生很大的变化，衬衫的颜色不再是单一的颜色。2013年男士商务衬衫的用色非往常的传统无色系、蓝色系和米咖色系，开始加入艳丽丰富的高亮色。如果整体服饰色调沉闷，在衬衫上会用亮色加以点缀，起到画龙点睛的作用。男式衬衫色彩运用越来越趋于大胆，已由传统的低纯度的色彩过渡到高纯度的色彩上，也由男装原有的低明度调和成了高明度的色彩。Lanvin2012男装发布会，设计师采用前卫大胆的高纯度色彩，衬衫颜色与西装外套形成鲜明的穿插对比，这种色彩的运用为男士增添青春活力的时尚中性气质❷。

近几年，衬衫中中国传统色彩的运用屡见不鲜，中西结合的设计手法成为中国乃至世界时装设计的主流。2015年春夏男装流行色中，甜美的粉色调、原始裸色、轻柔蓝调和湿地绿等，将传统商务衬衫注入浪漫灵魂，柔美与阳刚结合。盖娅传说2017年春夏时装周中熊英设计的黑色男式衬衫以及水墨画式色彩渐变男式衬衫，黑白素雅大显男士气场，仙气十足。男式衬衫在现代设计的基础上也融入中式服装的传统色彩，如淡蓝色、黄色、深蓝色、白色和黑色等❸。如今，男式衬衫颜色缤纷多彩，市场根据时代的变化及时地生产出符合消费者喜爱的衬衫，不再是以往单调的纯色，而是可根据自我审美和喜好进行多样化的选择。

6.3.2 从简单纹样向丰富纹样转变

改革开放以来，男式衬衫纹样风格变化上呈简约化、个性化、自然化发展趋势，纹样从简单纹样发展为丰富多样的纹样。男式衬衫在改革开放初期，图案多为简单条格类，纹样逐渐与国际潮流趋势同频出现。这一时期，在衬衫上借鉴西方纹样成为主流，随后发展中衬衫纹样的运用越来越丰富，大量个性化的图案纹样出现在男衬衫中。

20世纪初期，马克华菲衬衫图案纹样是一大特色，主要以花卉为主，其中有大型的团花、单枝花、碎花，展现一种温和、浪漫的男性美，同时加入古典元素，如盘花或佩利兹纹样，衬衫图案的工艺主要以印染与刺绣为主。条格纹样的运用在男式衬衫

---

❶ 韩福龙. 试论20世纪大众传媒视野下中国服饰民俗流变 [J]. 学理论，2010（6）：89-90.
❷ 刘宇. 中性服装风格发展与设计应用的研究 [D]. 石家庄：河北科技大学，2013：27-28.
❸ 吴圆圆，赵敏. 基于TPO原则的中式男衬衫的应用设计 [J]. 轻纺工业与技术，2018，47（Z1）：24-25，28.

中一直经久不衰，不同于改革开放初期，纹样更加趋于创新多样化发展。2016/2017秋冬至2018春夏衬衫图案纹样主要有条纹、格纹、印花等纹路❶。条纹简单且具有规律性，给人以精英男士的视觉形象。到了21世纪，纹样上开始追求自然。在平纹等织物上，使用数码印花、印染工艺，在织物表面加工出不同效果，如有层次感的岩石皲裂纹理，形成朦胧自然的效果。中式图案的流行也影响了衬衫纹样，如龙凤纹样、饕餮纹、如意纹、云纹和竹叶纹等具有民族风格的图案开始出现在男式衬衫设计中。从改革开放至今，男式衬衫纹样从简约的格纹类图案和西式纹样图案，再到如今涌现出丰富多彩的动植物纹样、花卉纹样以及中式传统纹样。

6.4 中国男式衬衫变迁的原因分析

改革开放四十年，男式衬衫的革新为消费者带来了更高级的衣着体验，其款式、面料、色彩等更加新颖，更符合消费者需求。造成男式衬衫变迁原因有很多种，主要有政治经济的改革、思想观念的转变，纺织技术的革新、中外文化的交流等因素。

6.4.1 政治经济的调整为中国男式衬衫的发展指引了方向

服装产业的发展离不开政治经济政策的调整，两者相辅相成，共同推动我国服装产业进步。服装产业的发展在一定程度上来说，决定着国家的面貌、民族的气度以及国民的生活方式，把新时期服装建设投入整个经济发展中，这是必然的选择。作为重要的服装品类，衬衫也会受到政治经济体制改革的影响。一方面，国家政府各级领导人开始穿着西装，作为西装三件套之一的衬衫也必然会带来发展。另一方面，随着经济的发展，人们生活水平也在稳步提高，平民百姓也有追求穿着西装的想法，同样也会带来男式衬衫的发展。显而易见，政治经济体制的改革是中国服装行业发展的关键，当然包括男式衬衫在内的整个服装行业都会受到政治、经济体制改革的影响。改革开放给服装行业会建设一个良好的市场竞争环境，服饰的多变性也是必然，男式衬衫行业随着政策，市场经济的不断调整，对于款式、面料、色彩、工艺方面，在保证高质量同时进行创新，使得中国男式衬衫更加国际化。

---

❶ 毕蕊. 基于流行趋势分析衬衫面料的开发方向［J］. 纺织导报，2016（9）：63-66.

6.4.2　思想观念的开放为中国男式衬衫的发展扫除了困难

中国改革开放以来，经济发展得到迅速发展，思想观念也得到了解放。服装是思想多元化的集中体现，过去流行的"列宁装""革命服"不再是国人的标准着装，人们的思想不再禁锢，开始有了自己的审美观念，"只追求喜欢的款式，怎样都行"的着装心理已经成为代表现代中国国人的主观意识。服装款式越来越丰富，色彩开始新鲜化，服装风格不局限于一种，休闲化的服装成为主流。进入21世纪，就男性着装而言，大众对男性穿着理念不再是"沉稳""儒雅""绅士"的刻板印象，而是越来越趋于多元、个性发展，男性思想得以释放，休闲化、品牌化、中性化等成为男式衬衫一大发展趋势。时尚的男式衬衫所用的面料也呈女性化的趋势，不同的图案纹样被用来制作的各种面料和款式的衬衫，颜色鲜艳或柔美，男性追求自己的空间，从服饰的改变缓解社会压力，是这种观念同样是这个时代背景下精神开放与自由的象征。综上所述，男式衬衫逐渐向为满足自我审美和个性化发展，正是思想观念的开放为中国男式衬衫的发展扫除了阻碍。

6.4.3　纺织技术的革新为中国男式衬衫的发展增添了动力

科技技术的发展，为纺织技术带来不断地创新。人民生活物质水平日益提升，服装行业迎来了新的挑战。纺织产业链的发展对于中国的发展远远大于服装业的"孤军作战"，纺织技术的革新为服装行业带来宏大的市场需求。这是因为纺织技术的成熟能生产出不同花样、色彩、性能、材质的面料。改革开放至今，面料技术朝多元化发展，促使消费者购买服装时候的理念和服装变化的原因所在。中国纺织技术不再像改革之初那样闭塞，在改革建设的道路上，纺织服装行业大胆开发新品种，引进国外先进纺织设备。20世纪80年代以来，面料的触感和风格逐渐发生变化，如各种织物面料开始有明显交叉。棉型产品、毛型产品、麻型产品、丝绸型产品不再是独立品种，保暖的毛纺织品进入夏季面料市场，过去以轻薄为主的绢纺织品进入冬季面料市场。到20世纪90年代，夏季最突出面料是毛纺织品中的羊绒产品，而绢纺织品则是被织成较为厚重型的面料供给冬季❶。随着21世纪纺织技术智能化与生态化的发展，人们要求服饰拥有保暖、透气、舒适等基本性能之外，面料还需具有抗菌防臭、抗紫外线、抗辐射等功能。新材料的出现深受设计师们的喜爱，并广泛将它

---

❶ 姚穆. 纺织面料的发展趋势与新材料技术的应用［J］. 棉纺织技术，2002（3）：5-10.

们运用到服饰设计中。近些年，消费者购买力水平日益增强，对服装要求大大提高，人们更加倾向于购买绿色环保且舒适的服装，因此纺织技术发展刻不容缓。

6.4.4　中外文化的交流为中国男式衬衫的发展提供了活力

改革开放打开国门至今，中国男装服饰艺术的繁荣发展离不开中外交流这一媒介。20世纪70年代，我国的男式衬衫款式单一，崇尚朴素，审美需求不强，与国际时尚完全割离，衬衫面料只需要保暖、舒适即可。1978年，皮尔·卡丹首次来到中国，品牌率先打入中国市场，运用中国模特进行展演，打开国人眼界，为之惊叹，其中男女衬衫的样式与风格都给中国人以极大的心理冲击。80年代中期，受到外来文化的影响，西方新式男式衬衫作为西服套装的重要部件被引入中国。同时，中国服装产业开始崛起，并积极实行"走出国门"与"请进国门"的策略。1987年，中国时装表演队首次参加在巴黎特罗卡德罗公园举行的第二届国际时装节。这支时装表演队把上海服装研究所陈姗华设计师的作品展现得淋漓尽致，让国外看到了中国服饰特色。之后的1989年，中国与法国在上海举行"法国20世纪时装展览会"和"巴黎之夜"系列时装表演，进一步促进了我国同国外的服饰文化交流。中国与各国的服饰文化交流碰撞，让国人以新视角来看待时装模特展示"奇装异服"，这些前卫的潮流服装慢慢被大众所接受。到90年代初，我国服装市场推出的新式男式衬衫"千姿百态"，如法式温莎领的商务男衬衫和廓型较为宽松的休闲衬衫等。进入文化多元的21世纪，在世界经济一体化的影响下，男式衬衫的开始趋于"个性"和"中式"等风格，如运用解构主义的男式衬衫，摈弃结构，大胆改变衬衫结构形状；款式上运用对襟、立领元素的中式男衬衫；原料采用棉麻丝等面料的环保天然衬衫。国内外服饰文化的频繁交流，不断地推动着中国男式衬衫的发展，并为之提供源源不断的启发与灵感，中国男式衬衫文化也开始走向多元化、个性化、国际化的发展道路。

6.5　结语

改革开放以来，衬衫在我国作为消费者必备品衣着越来越频繁。20世纪80年代男式衬衫种类单一，衬衫款式是西方"舶来品"。由于当时经济落后，人们思想闭塞，80年代初期男式衬衫渐渐出现在生活中、职场中。90年代男式衬衫式样多样创新，衬衫休闲化，且衬衫领口、袖口款式根据衬衫风格的多元性进行变化，男式衬衫色调柔美且时尚。90年代由于经济、政治快速发展，行业人才致力投身于祖国事业，人们思想得以释放，与80年代相比较，男式衬衫趋于多元化、中性化等发展。进入21世纪，国人自主研发男式衬衫，衬衫款式分化越来越细，且档次区分越来越清晰，衬衫风格逐渐个性时尚，设计中融于中式传统元素。由于21世纪是科学技术发达的年代，我国经济发展速度迅猛，与旧世纪相比，新世纪男式衬衫趋于个性化、多元化等发展。衬衫从80年代初期为西方"舶来品"再到21世纪中国自主研发，中国男式衬衫从传统单式的形式逐渐向多元化、个性化、中性化的方向发展。总之，男式衬衫变迁随着政治经济、思想观念、纺织技术、中外交流等因素而演变。从改革开放初期至今，男式衬衫在面料、款式、风格等发生了重大变化。通过对于改革开放以来中国男式衬衫变迁的具体分析，可以看出男式衬衫在男装中的重要性，以及社会发展中对于男式衬衫变迁的影响。

7 改革开放以来中国男式西裤变迁

西裤即与西装搭配的裤子，通常都是和西装成套搭配的，后来经过时代的发展，有了单独的款式，并成为男装领域中一种重要的品类。

7.1 中国男式西裤款式的变迁

西裤在男裤中最为常见，因其较单一的款式变化和相对稳定的结构，在改革开放初期往往不被重视。但是随着时代的发展，我国男式西裤的造型风格从改革开放至今，一直朝着多样化方向演变，并且伴随着制板工艺的日益成熟，其纸样结构设计也在不断朝前发展。

7.1.1 西裤造型风格的多样化发展

西裤的造型风格受到裤褶数量和裤型变化的影响。西裤按照裤褶数量的不同，可以分为无褶裤、单褶裤和多褶裤等形式（图2-51）。按照裤子廓型的不同，又可以分为H型、A型、Y型，即所谓的直筒型、喇叭型、锥型，不同裤型的西裤有着不同的造型特点和穿着效果（表2-7）。并且西裤造型风格的变迁还与穿着搭配和设计手法息息相关。

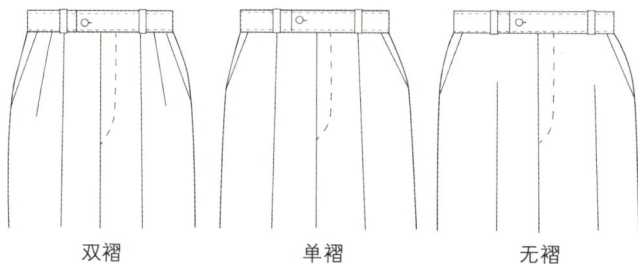

双褶　　　　　单褶　　　　　无褶

图2-51　男式西裤裤褶样式图（高婉静绘）

表2-7 男式西裤裤型款式表

裤型	H型	A型	Y型
别称	直筒型	喇叭型	锥型
造型特点	中裆线至脚口呈直线状	中裆线至脚口逐渐扩大呈倒喇叭形	自臀围线开始围度逐渐减小，直至脚口
穿着效果	有腿部修长的视觉效果	视觉上缩小腿部宽度	给人轻便、利落之感
样式图			

我国男式西裤的造型风格经过四十年的发展有了很大的变化。在改革开放初期，我国通常将西裤视为正装男裤，一般都与中山装和西装外套搭配（图2-52）。当时流行的款式样式主要有双褶、单褶和无褶，裤腿的粗细会随着流行的变化而变化。总的来说，当时西裤的款式和风格都较为单一。到了21世纪初，我国的男式西裤在造型上开始流行宽松适度的裤型，在搭配上也比较随意，且朝着休闲个性化方向演变。除了搭配经典的西装外套之外，还会搭配针织T恤、休闲衬衫等上衣（图2-53）。不同的穿着搭配也突显了男士们不同类型的气质，如稳重大方、宽松飘逸、潇洒干练等。除此之外，当时还开始流行不对称的设计手法。例如，不对称的裤型，俗称"阴阳带"，其特点是左右两侧的口袋在造型和位置的设计上有所区别。当时的男式西裤的样式主要以低腰线和H型小喇叭为主。如今，我国男式西裤的造型风格更加多变，有商务风、休闲风、时尚风等（图2-54），适用于不同场合进行穿着，同时也更加注重细节上的设计，比如前口袋设计、后口袋设计、腰头和裤襻设计等（图2-55）。不同的造型风格可以运用不同的设计手法来塑造，如绲边设计、面料混搭、整体和局部设计等，从而形成一个整体美观且有细节亮点的设计。

图2-52　20世纪80年代我国男式西裤搭配图 ❶

图2-53　21世纪初我国男式西裤搭配图 ❷

---

❶ 图片来源：网络。

❷ 图片来源：绍兴市统计局.绍兴统计年鉴2006［M］.北京：中国统计出版社，2006：79.

图2-54 我国现代男式西裤款式图❶

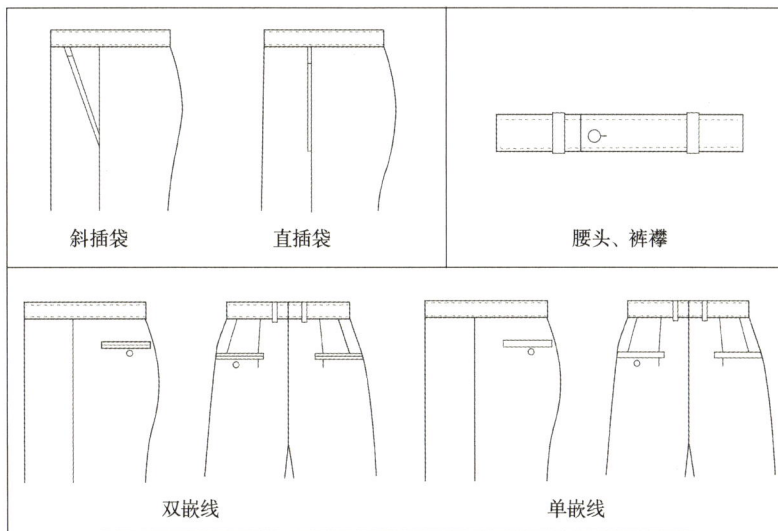

图2-55 现代男式西裤设计细节样式图（高婉静绘）

7.1.2 西裤纸样结构设计的不断升级

改革开放至今，我国男式西裤纸样结构设计在不同时期有着不同的特点和变化，并且随着时代的发展还在不断升级和创新。

改革开放初期，我国已有学者对男西裤的形态尺寸与舒适性之间的关系进行研究，并提出了在设计西裤结构时需要符合人体运动的变化规律。另外还有学者研究了当时我国男西裤纸样设计存在的问题，主要包括西裤立档过深、数据缺乏科学性、局部设计简单、忽视塑形设计等，并且基于以上问题提出我国西裤纸样设计应该向创新性和

❶ 图片来源：九牧王官方旗舰店。

科学性方向发展（图2-56）。

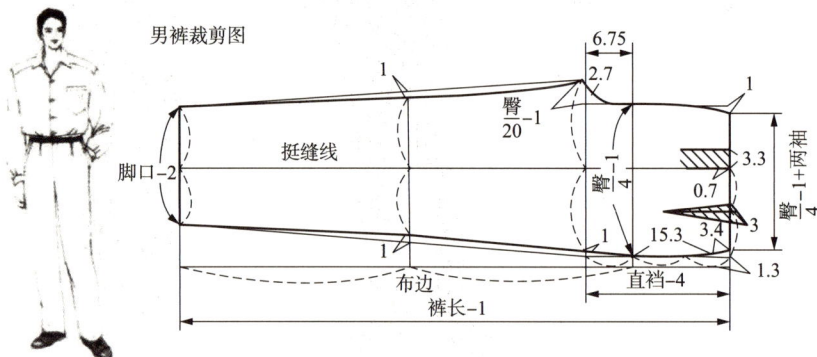

图2-56　改革开放初期我国男式纸样结构图❶

21世纪初，我国的西裤纸样结构设计变得更加科学严谨。不同学者从不同角度对其进行分析研究，比如有的将西裤纸样和人体体型相结合，并运用数学知识对纸样结构进行分析和探索；有的对比不同数量褶的西裤造型间的区别并找到它们的设计规律，从而证明西裤的结构设计并不是一成不变的；有的对男性运动规律进行科学分析，以此提升西裤结构合理化设计并满足男性对西裤舒适性和机能性的需求；还有的针对男性特殊体型不断增多的情况，介绍了一种褶量的反推计算法，并且将其应用于单褶H型男式西裤纸样设计当中。

如今，随着3D虚拟软件和技术的发展，我国西裤结构纸样设计也有了突破性创新。利用3D CLO虚拟试衣软件探索男性凸腹体型西裤板型的设计规律，可以更加直观地看到板型在人身上的穿着形态，以便及时修正纸样（图2-57）。或者将三维扫描的方法运用到西裤裆部的修正中，以获取合体的修正纸样，能够大大提高纸样修正的效率。

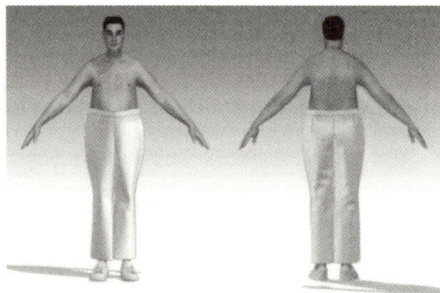

图2-57　3D CLO的男凸肚体型西裤结构设计❷

---

❶ 图片来源：孙熊. 服装缝制实用技术［M］. 北京：金盾出版社，1995.

❷ 图片来源：吴佳丽，罗琴. 基于3D CLO的男凸肚体型西裤结构设计规律探索［J］. 中国纺织报，2021，40（12）：50-53.

7.2 中国男式西裤面料的变迁

西裤面料对西裤的外观、舒适性等方面有着极大的影响。改革开放至今，我国男式西裤面料的种类逐渐丰富，并且朝着功能性、审美性、环保性等方向发展。伴随着针织工艺的日益成熟，我国的西裤面料有了创新性发展。

7.2.1 西裤面料的多元化发展

改革开放初期，随着"对外开放，对内搞活"政策的深入实施，服装市场上涌现了各种各样的西裤面料，比如涤盖棉、闪光面料、中长仿毛花呢等。其种类和色彩相较于改革开放前更加丰富了。

20世纪90年代，由于人们消费观念的转变，我国对男西裤面料的关注由实用性转向功能性。例如，由上海寅丰服装有限公司生产的地牌西裤，在当时就推出了四种具有功能性的西裤面料及西裤，分别是：防虫蛀高级面料及西裤、全毛易护理面料及西裤、羊毛+莱卡高级面料及西裤、新结构"会呼吸"面料及西裤。不同的技术发展赋予了西裤不同的功能，其中包括对西裤面料进行防虫蛀的技术处理，运用能够保持形态的特殊面料，以及采用透气性和弹性恢复力强的全毛或毛混纺原料等。

21世纪初，男式西裤的面料功能更加具体化和多样化。根据2000年的上海文化年鉴的资料显示，当时西裤流行的板块分为了三种类型：全毛超薄型、毛涤无桐型、全棉休闲型。不同类型的西裤有着不同的功能属性，例如，全毛超薄型西裤具有抗皱、防水、防油等功能；全棉休闲型西裤，采用不易变形且抗皱免烫的精梳双股纱织成的面料，适合男士们户外旅行和登山远足。

如今，我国的男式西裤面料的种类和功能还在随着时代的发展而不断更新。在现有的面料种类中出现了舒适性织物面料、保健织物面料、功能织物面料和易保养织物面料等。这些面料具有吸湿透湿、防臭抗菌、阻燃、抗辐射、抗静电、抗污染等功能。并且，正因为这些功能性面料在西裤中被大量使用，推动了我国男式西裤面料的不断创新。综上所述，笔者根据男式西裤不同时期流行的具有代表性的面料种类及功能的变迁列成现代男式西裤面料变迁表，见表2-8。

表2-8　改革开放以来中国男式西裤面料变迁表

时期	面料种类（名称）	功能
改革开放前	以棉为主	无特殊功能
20世纪80年代	劳动布、涤盖棉、化纤、全毛花呢、中长仿毛花呢、闪光面料等	无特殊功能
20世纪90年代	防虫蛀高级面料、全毛易护理面料、羊毛+莱卡高级面料、新结构"会呼吸"面料等	防虫蛀、不易变形、易护理，延伸性、回复性强，透气性、散热性强等
21世纪初期	全毛超薄型、毛涤无桐型、全棉休闲型等	防油、防水、抗皱、免烫等
21世纪	舒适性织物面料、保健织物面料、功能型织物面料、易保养织物面料等	具有吸湿透湿、保暖、凉爽、无刺痒的功能；具有防臭、抗菌、理疗的功能；具有抗皱、防缩、免烫、抗污染的功能；具有透湿、防水双重功效的功能

7.2.2　西裤面料的创新性改变

改革开放至今，随着针织工艺的日益成熟，我国的男式西裤面料不再仅限于机织物，而是尝试对针织西裤这一新型服装面料进行研发开发。针织西裤面料中常用的花型有斜纹、条纹和格纹（图2-58）。斜纹主要通过在提花圆机上改变组织结构来编织；条纹则通过组织结构的变化，在织物表面呈现凹凸条纹的视觉肌理效果；而格纹可通过纱线的色彩差异或提花组织来形成。不同花型的针织西裤面料有着不同的风采，并且运用针织面料来制作西裤也打破了传统西裤以机织面料为主的格局。例如，我国著名男装品牌九牧王就使用了有斜纹和满地小提花样式的针织面料来制作西裤，色彩层次分明、图案隐约而不张扬，受到广大消费者青睐。

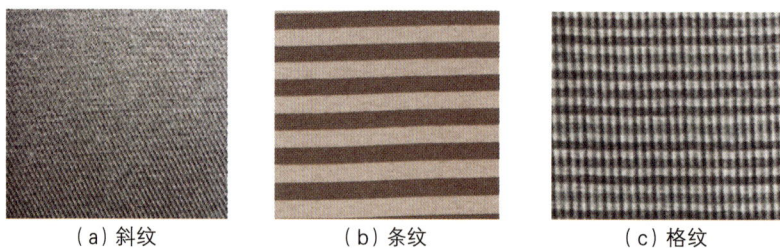

（a）斜纹　　　　　　（b）条纹　　　　　　（c）格纹

图2-58　针织西裤面料花型

除此之外，了解针织西裤面料的优缺点，能够使我们在编织生产后期的过程中扬长避短。针织西裤面料的优点有很多，比如具有良好的延伸性和弹性，不易变形；具有良好的柔软舒适性，可以减弱面料与皮肤间的摩擦；具有良好的透气性和吸湿性，使人们穿着更舒适自在。但它的缺点也很明显，比如容易勾丝和起毛起球、挺括性差、易起拱变形等。未来，通过合理选择原料、设计上机工艺和后整理工艺来改善针织西裤面料的不足之处，可以大大提升针织西裤面料的服用性能。

7.3　中国男式西裤变迁的原因分析

改革开放四十年，我国的男式西裤各方面都在不断发展和创新，其造型风格更加多样化，纸样结构设计更加科学严谨，面料更加多元化，等等。而推动男式西裤变迁原因有很多种，主要包括审美观念的转变和纺织技术的发展两大因素。

7.3.1　审美观念的转变为中国男式西裤的造型风格发展提供了动力

改革开放初期，人们受到经济变革和外来思潮的冲击后，开始追求多样化的着装方式并敢于提出不一样的服饰审美、时髦与流行等概念。这种观念的转变也成为服装产业的"催化剂"，加快了服装发展的速度以满足人们日益增长的需求。除此之外，大众传媒中的影视作品和期刊也在深深影响和改变着当时人们的审美观念。在影视作品方面，我国在20世纪70年代末引进的日本电影《追捕》中的主要人物之一矢村警长留着鬓角和长发、戴着墨镜和穿着阔形喇叭裤的形象受到当时年轻人的追捧和效仿。当时西裤的造型款式也受到了很大的影响，流行阔腿西裤样式。而在期刊方面，中国第一本专业的服装杂志《时装》在1980年诞生于北京，受到大众的强烈支持和追捧。此后，《现代服装》《中国服装》等权威性杂志层出不穷。这些不同的媒介都给当时的人们留下了深刻而持久的印象，引领了当时时尚潮流。它们不仅为人们提供了服装流行趋势的信息而且潜移默化当时人们的着装观念。在这些因素的影响下，我国的男式西裤着装特征也发生了很大的改变，从单一朴素的着装特点逐渐向多样化的方向发展。

7.3.2　纺织技术的发展为中国男式西裤面料的多样化提供了技术支持

在改革开放初期，纺织技术的发展带来了服装面料的创新。这一时期可以明显地看到服装面料无论是种类还是图案，都在朝着多样化方向发展。由于纺织技术的发展，人们越来越多地将新型的化纤织物运用到服用纺织品中。并且这一时期的纺织品品种时尚化倾向明显，出现了利用不同技术制成的产品，包括针织产品、印染产品、涂层织物、仿皮革和仿毛皮织物等。除此之外，纺织品图案的配色随着流行色概念的引入和应用在不同的流行阶段有着不同的变化。这些技术的变化也为我国男式西裤面料的创新改变奠定了基础。

如今，随着高新技术和环保观念的发展，人们更加注重纺织品面料的高科技元素和环保性属性。因此它的流行趋向也朝着天然化和功能化方向发展。在这个潮流趋向的影响下，人们对于纺织品的功能需求也在与日俱增。人们更加注重对新纤维的创新研究，以此提升织物的吸湿透气性和柔软悬垂性。另外，还会利用纺织产品新功能中的涂层技术，使所生产的涂层面料具有防风防雨、防紫外、防蛀防霉等多种功能。而纺织技术不断地发展也促进了我国男式西裤面料朝着多样化的方向演变，并为其提供了在创新中必不可少的技术支持。

8 本章小结

1978年12月18日，党的十一届三中全会的召开是历史的一个转折点，确立了我们改革开放的方针政策。改革开放后，政治环境逐渐宽松，经济文化不断发展，人们的生活方式、兴趣爱好、审美观念等方面发生了显著的变化，服饰作为人类文化的象征，是时代历史发展的镜子。本章分别对男式西服、中山服、男式牛仔服、男式夹克、男式T恤、男式衬衣、男式西裤等男式服装品类的嬗变进行了系统深入的研究，具体得到如下观点：

8.1 男式西服

改革开放后1978~2021年中国男式西服形制嬗变大致分为三个时期：20世纪80年代是改革开放的蓄力期，国门对外开放，大量各式各样五彩斑斓的外来服饰突然涌入，引发了国人对于穿着方式的重新思考，大家开始注重自己的穿着打扮，男性着装的变化相对来说变化小款式少，其中"西装热"可以说是极具代表性，在这一时期达到高潮，不过人们对于西装的穿着方式没有什么意识，只是随心所欲地穿着。90年代是改革开放的发力期，经济的飞速发展以及审美能力的提高改变了以往盲目跟风的穿着方式，更多的是追求个性化凸显个人特色的服饰，男性也开始意识到不同西服在不同场合的重要性，在搭配方式上也更加讲究。21世纪是改革开放成果初步收获期，服装行业形成了规模化的产业链，在设计上更注重将本土文化与国际文化相融合，服装形式的个性化和多元化的发展推动了中国服装行业走向世界大舞台。再通过对西服面料、款式、色彩纹样等变化特点进行分析，以及系统深入地分析导致其变迁因素，从根源探究男装崛起的原因，让人们更加清晰地了解中国男式西服发展历程。研究表明：随着时代发展，西服面料种类越来越多样化，从传统的机织面料到现在的针织面料，在创新过程中更注重面料时尚型与环保型相结合；西服的款式变化主要体现在细节上，从宽松型转变为修身型，从单一型向多元型转变，色彩纹样也日趋丰富；纺织技术的发展、审美思想观念多元化以及中外文化的交流都是直接影响服饰变迁的必然因素。笔者认为，针对改革开放以来某个时期的中国服饰变迁以及整个阶段的服饰文化的理论研究不少，为本书提供了很多可借鉴的理论基础，但是缺乏对于男式西服变迁的专题论述的研究，整体呈现出碎片化、分散性的特点，缺乏一定的系统性，在其深度与广度上还有深入的必要，期望通过男式西服变迁的归纳、总结和研究，对未来中国男装行业的发展有着一定的借鉴意义。

8.2 中山服

中山服，是由孙中山先生亲自设计并倡导的中式礼服，在中国男装中一直占据极其重要的地位且影响深远，从它被设计出来到20世纪70年代，一直流行不衰。但改革开放后，西服热的现象使中山服逐渐丧失了原来的主流地位，开始退出曾经一度垄断男性服饰的行列，中山服款式的单一乏味使其逐渐衰落的现象成为必然。直至21世纪随着中国国际地位的提升，民族自信心的回归，大家才逐渐把注意力集中到民族品牌的发展上，通过对中山服的创新设计、服饰品牌的开发与推广，中山服又重回日常生活中。现代的中山服在设计与开发上也逐步探索出一条成熟的生产工艺技术道路，融合了丰富的设计元素，注入了现代服装设计师的设计思想，形成了自己的产业特色。中山服不仅是一种服饰，更是以一种文化、一种民族精神的形式存在，如今在中山服的创新设计上，自然不能保持一成不变，不仅要传承中华民族文化的精髓，设计新款式的同时要考虑到符合当下人们的审美需求和穿着习惯，不断地推陈出新。中山服如何在款式、面料以及风格上进行创新突破，如何紧跟时代潮流，是一件非常有意义和市场前景的工作。研究表明：改革开放以来，中山服经历了两次跌宕起伏，从以往的辉煌时期到逐渐落寞，再到如今逐渐复兴；新式中山服的形制改良主要体现在细节上，如其领型、腰身等逐渐西化；中山服淡出大众视野背后的原因也是多元的、复杂的，在个性化多元化的时代背景下，审美的单一性、象征性减弱，以及场域的逐渐消失，都是直接影响中山服形制微妙变化的因素，可以为新式中山服的传承与创新提供一定的参考价值和设计思路。

8.3 男式牛仔服

1978年以来，中国服装行业飞速发展，牛仔服已成为中国人穿着的重要品类。然而，对于男式牛仔服的变迁研究却相对较少。本书运用文献研究与图片分析的方法，得出1978年以后中国男式牛仔服在面料与设计上朝着多元化方向变迁的结论。研究表明：①纺织技术的发展奠定了中国男式牛仔服发展的技术基础，使其纱线与面料朝着多元化方向发展。②中外经济的交流是促进中国男式牛仔服发展的客观条件，使其设计朝着国际化方向发展。③思想观念的开放是中国男式牛仔服发展的社会心理因素，使其多元化发展得到认同。

8.4 男式夹克

通过对改革开放后中国男式夹克款在面料、款式的多元化变迁进行分析，探究男式夹克在四十年发展中的不同特点。改革开放初期，影视文化的传播将夹克衫带进中国，成为流行的服装款式之一，成为20世纪80年代最受大众欢迎的服饰之一，服装面料多以棉质为主，款式廓型多为H型，注重服饰的实穿性；90年代后，经济技术发展有了长足的进步，人民物质生活水平提高，人民群众开始有了对服装美的追求，夹克衫的款式变化越来越快，廓型从简单的H型增加了O型、A型、V型等各个造型，款式细节也有着不同的改变；进入21世纪，我国夹克的发展紧跟时代潮流，面料款式的变迁更多为流行服务。研究表明：①中国人民生活水平的提高为男式夹克的发展奠定了物质基础，使其品类朝着丰富化发展；②海外及港台影视作品的传播为男式夹克的流行提供了思想准备，推动了夹克在国内市场的传播；③纺织服装技术的进步为中国男式夹克的发展提供了技术支持，创新夹克的功能性；④无性别化的设计理念为中国男式夹克的发展提供了创新思维，扩展了夹克的设计风格。

8.5 男式T恤

随着时代的变迁，男式T恤产业经历了逆流而上的发展。T恤能适应不同场合与年龄层次需求的特性使其变成男士不可替代的百搭单品，同时也成为夏季消费者购买的代表性产品。从改革开放初期的"拿来主义"再到21世纪我国的自主创新，T恤款式从单一化发展成多元化，促使男式T恤内外兼并；其面料从单一趋向功能化，工艺革新使T恤越来越注重舒适、休闲等功能；其图案也从强化性别向弱化性别发展，快节奏的环境变化，使传统的男性角色发生"大"变化，使T恤设计向中性化发展，成为时尚潮流的代表之一。研究表明：①男式T恤的款式由内衣向外衣转变，其类别从单一化向多元化发展，如运动T恤、广告T恤等，款式细节变化主要来自型、领口、下摆处。②男式T恤面料从最初单一的织物设计演变为如今综合工艺技术带来的多种面料组合设计，其功能可满足消费者不同的需求。③T恤图案色彩是展现男士风格魅力之处的关键点，随着时代的发展，其色彩呈多样化趋势，男性风格从强化性别向弱化性别转变，图案亦往中性化发展。究其男式T恤变迁的原因，主要有休闲服饰的流行、多元化商业营销、审美观念的多元化等因素推动着中国男式T恤的发展。

8.6　男式衫衣

改革开放以来，中国男式衬衫从传统单式的形式逐渐向多元化、个性化、中性化的方面发展的结论。研究表明：①随着纺织技术的不断成熟，衬衫面料发展逐渐处于世界先进水平，从最初的天然纯棉面料演变为如今新技术带来的"新天然"面料，不同于过往的天然面料，"新天然"面料不仅要求面料本身纤维来源绿色天然，在面料加工过程中也需要注重生态处理，减少工厂污染，从源头治理来减少面料带来的环境危害问题。消费者对面料喜爱的变迁一方面了体现了纺织技术进步的，另一方面也暗示了人们消费理念与生活观念的转变。绿色、可持续等理念的兴起，消费者越来越注重衣着舒适性和面料环保性，这也催生了更多高新纤维材料在衬衫面料上的使用，"新天然"面料已然成为当下研究和使用的重点。②新时期以来，衬衫的款式变化不大，现在衬衫整体的廓型也基本同以前一样，保留了H型、X型、V型。因此，衬衫款式主要变化来自领型、袖克夫等，其中领型的变化种类繁多。袖克夫样式从传统到现代，其变化十分微妙且丰富，细小的变化彰显了男士的不同品味。领型和袖克夫的具体变化随着衬衫的款式而衍生出各式各样的形式，消费者可根据领型和袖克夫样式与衬衫适配度出席不同的场合。③衬衫的风格种类越来越多，开始步入产品风格细化时代，衬衫经历了休闲化、时尚化等一系列风格的转变，让衬衫不仅再次成为西服的配角，而且成为男士衣着习惯的首选方式。衬衫的颜色根据国际潮流风向顺时地推出多种大胆前卫的流行色。衬衫纹样从简单向丰富发展，风格变化上呈简约化、个性化、自然化发展趋势，且纹样设计上不再是仅仅借鉴西方纹样。直至今日，中国服装设计师从模仿到创新，挖掘出了不少属于中国自己味道的衬衫，21世纪男式衬衫设计中加入了中国传统元素的纹样，在世界舞台上崭露头角。综上所述，衬衫在我国作为消费者必备品衣着越来越频繁，男式衬衫的革新为消费者带来了更高级的衣着体验，其款式、面料、色彩等更加新颖且符合消费者需求。20世纪80年代男式衬衫种类单一，衬衫款式是西方"舶来品"。90年代男式衬衫式样多样创新。21世纪国人自主研发男式衬衫。由于21世纪是科技技术发达的年代，我国经济发展速度迅猛，与旧世纪相比新世纪男式衬衫趋于个性化、多元化等发展。究其变迁的原因，主要有政治经济的调整、思想观念的转变，纺织技术的革新、中外文化的交流等因素影响。从改革开放初期至今，男式衬衫在面料、款式、风格等方面发生了重大变化。通过对于改革开放以来中国男式衬衫变迁的具体分析，可以看出男式衬衫在男装中的重要性，以及社会发展中对于男式衬衫变迁的影响。中国的服装设计已经逐渐走入时尚前端，为顺应这一脚步，应该更加注重于男式衬衫的设计，努力在设计上凸显中国文化的传统特色，将中国男式衬衫推广到世界各地。

8.7　男式西裤

改革开放以来，我国的男式西裤不再仅仅作为与西服相配套的裤装，而是逐渐发展成为我国男装中具有代表性的服饰之一。改革开放初期，我国的男式西裤不论是款式造型、面料种类还是结构工艺都较单一。随着时代变迁，一方面，西裤的造型风格更加多样化，另一方面，面料种类逐渐丰富，并且朝着功能化方向发展。而促进其发展的主要因素包括：审美观念的转变和纺织技术的发展两大因素。通过对改革开放四十年来男式西裤的款式和面料两方面的深入研究，能够使我们更全面地了解我国男式西裤的发展历程。

中国男装四十年

1979—2021

第 3 部分

设计教育篇

在改革开放相关政策与方针的引导下，人们开始将西方时尚文化带入到中国，西服、夹克、休闲装等逐渐成为中国男性的日常服装，进一步带动国内男装产业的大力发展。首先，20 世纪 80 年代，国内男装企业规模较小且实力较弱，消费者对男装品牌概念的认识并不清晰。到了 20 世纪 90 年代，国内男装品牌及企业发展迅速，企业开始注重塑造品牌的核心竞争力和个性化优势，企业与设计师的联合也逐渐形成热潮和趋势。这一时期主要的男装品牌有利郎、柒牌、雅戈尔、劲霸等国内知名男装品牌。同时，一批优秀的男装设计师，如武学伟、武学凯、计文波、杨紫明、王钰涛、曾凤飞、刘勇开创了时代，并且走向了世界，如设计师计文波分别于 2004 年、2007 年最早在法国及意大利举办服装发布会，设计师杨紫明卡宾 Cabbeen 于 2007 年成为首个登上纽约时装周的中国服装设计师品牌。其次，男装新锐设计师部分中介绍的设计师们，均有海外知名设计院校的留学经历，并且多在法国、英国等时尚聚集地创建自己的个人品牌，并在国际时装周中举办了品牌发布。

中国男装设计高等教育是依托中国现代纺织服装产业的发展而迅速崛起的，在整个服装设计人才培养的数量中，占比越来越高。其中国内男装企业与高等院校合作的项目制教学模式以及企业设计师参与的教学，都为推动中国现代男装设计教育发挥了关键作用。

1 开创时代

1.1 初显

1978年十一届三中全会的召开，标志着改革开放的开始和改革方针的实施，使国人能够了解和学习国外的生活模式及社会文化。在这样的时代背景下，人们逐渐了解到西方的时尚文化，从而带动国内服装产业的进一步发展。20世纪80年代至90年代，国内男装品牌正处于发展阶段，男装企业的规模较小且实力较弱，企业之间的竞争并不强烈，中国消费者对品牌的概念一知半解，大众对品牌的认识处于启蒙期。这一时期，男装品牌数量较少且创建时间较短，主要男装品牌有皮尔·卡丹授权的男装品牌天津津达制衣有限公司、利郎男装、金利来男装、柒牌男装、雅戈尔男装、劲霸男装等。这些男装品牌的设计师在发展初期通常为品牌的创始人，利郎男装的王氏三兄弟——王冬星、王良星和王聪星；柒牌男装的洪肇设等人。

20世纪90年代，国内男装品牌处于发展迅速的阶段，男装企业发展规模逐渐扩大，企业之间的竞争日益激烈。同时，消费者对品牌的认知度及需求度有所提升，休闲装、西服成为日常常见服装，男装服装品牌及企业快速发展。1997年是时装设计师与企业"联姻"年，也是中国时装设计师"造星"运动的开始。中国民营服装企业杉杉集团聘请著名服装设计师王新元，掀起设计师热。随后，雅戈尔签约设计师刘洋，圣三利签约设计师谢锋，富威格签约设计师吕越，等等。1997年"名师、名牌工程"的提出，在相当大的程度上提高了中国服装设计师的社会地位。同时，挖掘与培养了大量男装开创设计师，如计文波、卡宾先生、杨紫明、刘勇、曾凤飞等，这些设计师均在20世纪90年代从业于男装企业或创立了自己的服装品牌，并引导国内男装品牌注重设计和重视设计人才的趋势，从而进一步提升品牌核心竞争力与差异化竞争，集中展现了20世纪中国男装设计师队伍的整体面貌，促使一批男装设计师的崛起。

1.2 品牌时代

1990年，利郎西服成为当时福建人结婚时必穿的礼服，利郎男装主要以西服为生产对象，批发至福建省石狮批发市场进行零售，进而销售整个福建省。利郎的品牌能够取得成功，与"商务休闲男装"的市场定位、"简约而不简单"的品牌文化演绎息息相关。20世纪90年代中后期，商务通在商务人群中广泛流行，利郎总裁王良星敏锐捕捉到了其中的商机，经过与广告公司几天几夜的反复论证，"商务休闲男装"的概念被"挖掘"出来。在第一个提出"商务休闲男装"的概念后，综合设计开发、广告创意、形象代言、销售终端等方面的聚焦打造利郎品牌，这就是"焦点法则"。王冬星说："焦点法则的威力很大，成就了利郎。"

柒牌的品牌塑造从就已开始，通过大力赞助体育、央视广告等活动，扩大品牌知名度和影响力。1990～1995年，柒牌引进了世界一流的西服生产线，品牌立足于品质管理。1998年，柒牌首次推出男士修身西服，板型考究且工艺精良，不仅品质能与国际品牌相媲美，同时价格也相对优惠。于1999年，组建福建柒牌（集团）时装有限公司。从20世纪90年代末期的西服，到现在的中华立领，柒牌将品牌的个性化优势凸显得淋漓尽致。

20世纪90年代伊始，国门初开，大批外资涌入，青春服装厂成为宁波首批引进外资的民营企业，成立了中外合资雅戈尔制衣公司，并毅然终止声名正隆的"北仑港"，新创"YOUNGOR（雅戈尔）"品牌。"YOUNGOR"衍变自英文"younger"，既突破了地域囿制，又巧妙契合了青春服装厂的历史，寄寓品牌青春永驻、活力长青。1994年，雅戈尔衬衫被评为全国十大衬衫品牌的第一名，再度向梦想进军，组建娘子军团远赴意大利学艺，联手意大利切维斯公司研发西服。翌年，洋溢着浓浓意大利风格的雅戈尔西服成为国内西服领域的一匹"黑马"。同时，雅戈尔依靠电视广告、明星效应等方式，塑造成为名牌男装。

1989年，"劲霸"品牌中文名称正式注册。1991年，夹克成为劲霸品牌核心产品。1992年，劲霸注册了第一枚图形商标，在中国男装领域率先迈出品牌视觉系统规范化的步伐。1997年，劲霸品牌注册了英文"K-BOXING"及图形商标，并投入巨资导入CIS形象识别系统，成为以全新的品牌形象向央视传播转化的男装品牌。同时，2000年劲霸正式启动特许加盟经营制，成为全国第一批大范围开展特许加盟经营的服装企业之一。

1.3　走出国门

中国男装开创设计师计文波、王钰涛、杨紫明、刘勇等人均走出国门，向世界展示中国男装设计产品。其中，计文波多次登陆国际时装周，并且分别于2004年、2007年最早在法国及意大利举办服装发布会；卡宾Cabbeen于2007年成为首个登上纽约时装周的中国服装设计师品牌。中国男装新锐设计师则由于毕业于海外知名设计院校，并且在国外创建设计师个人品牌，或在国际时装周中进行专场发布。

计文波的设计师品牌JIWENBO于2004年在中法文化年巴黎—中国时装周上，在巴黎举办了"东方神韵—中国魅力"的专场发布会；2004年，在中、日、韩三国顶级设计师联合发布的"亚洲之风"时尚盛典上，代表中国服装设计师做了专题发布；2006年，受韩国邀请代表中国顶级时装设计师参加韩国釜山国际时装周作JIWENBO个人专场发布；2007年1月16日，在意大利米兰国际时装周举行"LILANG—JIWENBO"专场发布；2007年9月，在法国巴黎PV展上唯一代表中国男装举行专场发布会；2008年9月3日，获邀参加日本东京时装周，举行"LILANZ—JIWENBO"专场发布；2013年6月23日，再一次出现在米兰男装周的秀场中，以最早出自梵语的"舍得"一词为设计灵感，无论是酒还是服装设计，也都在其中渗透着舍与得相互转化融合的深邃哲理，而这正是服装与酒的契合之处（图3-1）。

图3-1　JIWENBO 2014年春夏系列服装发布会❶

---

❶ 图片来源：网站http://www.fengsung.com/n-130625132032544.html.

设计师王钰涛于1999年参与了在法国举办的"中国文化周"服饰展演活动；2000年赴丹麦北欧世家国际皮草设计中心进修，并举行"圣劳德"皮装流行专场发布会；2012年获邀参加梅赛德斯奔驰德国柏林时装周2012A/W专场发布；2015年获邀参加澳大利亚悉尼时装周2016S/S专场发布。

卡宾Cabbeen于2007年登上纽约时装周，将京剧脸谱、富贵牡丹、中国的梅兰竹菊或泼墨或写意于服装之上（图3-2）。

图3-2　Cabbeen2007年秋冬系列服装发布会❶

2019年设计师刘勇两次在纽约时装周官方主场地发布作品，其中2019S/S的这场发布会以"东方力量"为题，整体洋溢着浓郁的东方美学，展示出中国本土潮牌代表"大鲲"的强劲实力，吸引了来自各国的专业买手和时尚达人高度关注（图3-3）。

❶ 图片来源：网站https://lady.163.com/photoview/06TN0026/892.html#p=3Q5BRRF806TN0026.

图3-3　LIUYONG2019年春夏系列服装发布会❶

---

❶ 图片来源：网站https：//www.sohu.com/a/253600377_109990.

2 设计力量——开创设计师

2.1 武学伟

中国服装设计师协会副主席、"WU·D"设计师极致单品品牌创始人；

自1989年从事时装设计师工作至今，一直担任著名时装公司设计总监；

1995年荣获"兄弟杯"中国国际青年服装设计作品大奖赛金奖；

1996年荣获中国国际青年设计服装师大赛金奖；

1997年、1998年连续荣获两届"中国十佳时装设计师"；

1999年荣获中国服装设计师最高奖"金顶奖"；

2000年出访美国"中国文化美国行"作为中国优秀青年时装设计师代表在纽约举办时装秀；

2001年随团出访"中国文化俄罗斯行"在莫斯科时装周举办时装秀；

2007年中国服装设计师协会10周年荣获"中国十大设计名师"；

2019年被深圳大浪时尚小镇授予大师工作室，同年创立"WU·D"设计师品牌，"自信""极简""优雅""率真""有爱"是"WU·D"极致单品设计师品牌的精神内涵所在。

2012年，武学伟时装发布会的成功举办再次见证了其独特才华与职业影响。对这组名为《当年》的时装作品（图3-4），武学伟作如是说：穿越中国服装服饰近现代史，找寻那些过往曾经令人激情澎湃的具有时代烙印的服饰故事与语言符号。运用当代艺术观念，通过诸如"颐和园祝寿，燕京学堂，上海滩洋场等主题，展现并诠释当代人别样的生活艺术新风尚。"在这样的文字告白和具体作品所激发的想象中，我们鲜明地感受到时装设计师的用心与诉求。这组作品蕴含着"民族与世界""传统与现代""商业与时尚"之间的矛盾与紧张的内容，这些内容又在一种艺术形式里得到和谐的表达。

在此，我们见证了时装设计师们的天才与想象；在此，我们也见证着一位中国时装设计师的文化担当❶。

图3-4 《当年》中国国际时装周2013春夏系列服装发布会

2.2 武学凯

中国服装设计师协会副主席；上海服装设计协会副会长；

上海市高级服装设计师；上海时尚设计大师；曾任杉杉集团设计总监；

上海田时服装科技有限公司艺术总监；WU·D（有吾）品牌主理人；

1996年获得第四届"兄弟杯"中国国际服装设计师作品大赛金奖；

1997年获得首届中国服装设计师博览会"金榜"设计师称号；

1998年荣获"中国十佳时装设计师"称号；

2000年成为被国际权威时尚媒体法国FTV追踪报道的首位中国服装设计师；

2001年被《中国服饰报》评为"最有影响力的设计师"；

2002年获中国服装设计师协会颁发服装设计最高奖"金顶奖"，同年，获得中国服装设计师协会"兄弟杯"事业成就奖；

2003年代表中国在巴黎卢浮宫举办"时尚中华"当代中国优秀时装设计师作品发布会；

2006年代表中国在米兰举办"2006米兰时装周·中国日"中国设计师品牌作品发布会；同年，获得上海国际时尚品牌博览会组委会与上海服装行业协会授予"中国服

---

❶ 齐志家. 时装设计师的文化担当——兼评武学伟2012年中国国际时装周作品：当年［J］. 服饰导刊，2013（3）：92.

装设计大师"称号；

2008年设计制作奥运会升旗手服装，并获奥运礼服设计"一等奖"；

2010年参加上海世博会日本"星迈"计划全球五位设计师时尚发布会等世界性活动。

2008年，"北京2008年奥运会颁奖礼仪服饰及主要颁奖元素发布会"上，北京奥组委为奥运会颁奖礼仪服饰设计一等奖获得者武学凯颁奖。在谈及设计制作奥运会升旗手服装，如何理解设计创作与群体需求相协调时，武学凯说道："设计伊始，我们对唐宋到明清的中国传统纹样进行考察，并做了企划方案，后来确定以青花瓷为载体，将陶瓷语言表达到服装上。这是一个不断否定、不断完善的过程。从最初的设计灵感到后来的设计方案，再到最后的成衣制作，经过无数次的改变，最后呈现在了世人面前。在设计过程中，有些改变是社会、市场真实需要的，要为这个真实的需求做出必要的改变和调整。好的设计需要坚持，更好的设计需要去妥协，作为市场化的设计师，不仅仅需要坚持你的一些独立想法，在你面对更明确需求，需要换个角度、角色去感受自己的想法❶。"武学伟男装作品如图3-5所示。

图3-5　武学伟男装作品

---

❶ 王柯，武学凯. 原创设计力量与中国服装产业发展［J］. 美术观察，2020（7）：25.

2.3　计文波

中国服装设计师协会副主席、中国服装设计师协会艺术委员会主任、广东省服装设计师协会会长；

厦门国际时尚联合会主席、中国高级定制协会主任、中美时装周官方大使；

1995年9月，出访法国、德国；同年，北京国际服装博览上，作品在人民大会堂服装博览会上展示；

1996年获得"全国优秀服装设计师"称号；

1998年获评为全国第三届"中国十佳时装设计师"；

2002年被中国十五家媒体评为"中国最具商业价值服装设计师"；同年，获评为"最佳时装设计师"；

2001~2003年中国国际时装周连续获评为"全国最佳男装设计师"；

2004年"中法文化年"巴黎—中国时装周上，在巴黎发布了以敦煌为主题的"东方神韵—中国魅力"的专场发布会；同年，在中、日、韩三国顶级设计师联合发布的"亚洲之风"时尚盛典上，代表中国服装设计师做了专题发布；

2004年荣获中国服装设计师最高奖"金顶奖"，同年荣获年度"中国时尚界十大新闻人物"称号；

2005年被中国服装设计师协会授予"高级设计师"称号；

2007年1月16日在意大利米兰国际时装周举行以兵马俑为主题的"JIWENBO"专场发布；9月在法国巴黎PV展上唯一代表中国男装举行专场发布会；

2007年获得意大利男装工会主席颁发的"中国首位入选米兰时装周的男装设计师"荣誉证书；同年获得中国服装设计师协会颁发的"中国国际时装周十大设计名师"称号；

2008年在《时尚先生·Esquire》&马爹利呈现的"2007年度时尚先生评选"颁奖典礼获得年度"终生成就设计师奖"；

2012年在中国国际时装周荣获旭化成"中国时装设计师创意大奖"；

2013年中国第一位入选米兰时装周"官方日程"设计师身份举行以中国酒文化为主题的"JIWENBO——舍得"专场发布；同年，同时获得"中国服装十大年度人物"和"中国纺织行业年度创新人物"两项殊荣的服装设计师；

2014年荣获中国纺织服装周刊颁发的"中国纺织行业年度创新人物"，是唯一获此殊荣的服装设计师；同年，荣获广东时装周组委会特别颁发的"广东时尚推动大奖"；

2015年米兰时装周闭幕压轴，以唐卡为主题的"JIWENBO"2016春夏高级成衣发布会；同年，世界礼仪文化节华服盛典，组委会特别授予"中华礼服大师"奖；

2016年计文波受邀为"一带一路"国际时尚周打造开幕大秀，并荣获"丝路金桥奖"；

2018年JIWENBO受邀参加深圳时装周举行专场发布，并荣获"深圳市国际时尚贡献大奖"；同年"名师中国 领秀鹏城"时尚40年盛典，对改革开放40年来推动时尚行业发展、引领时尚新时代取得显著成就、做出重要贡献的设计师——计文波获得"时尚40年卓越设计师勋章"；

2019年1月胡润春晚洛杉矶之夜暨中美关系杰出贡献颁奖盛典在洛杉矶成功举办，计文波作为唯一获邀的服装设计师参加，荣获"中美关系时尚文化贡献奖"，并被授予"中美时装周官方大使"称号；同年，JIWENBO与全球美发产业联合打造时装与发型时尚的跨界大秀，并荣获"金钻设计奖"；

2020年国际美发节，荣获特别颁发的全球唯一"金冠时尚大师奖"；

2021年意大利米兰政府颁发给计文波至高荣誉"米兰金顶奖"，成为亚洲唯一获此殊荣的服装设计师；

2022年计文波荣获中国纺织服装行业年度精锐榜2021年"十大年度人物"。

1983年开始从事服装设计工作的计文波，可以说是中国第一代服装设计师、中国时尚设计的领军人物，30多年的设计生涯见证了中国服装设计从无到有的过程。2001~2003年唯一获中国国际时装周连续三年被评为"全国最佳男装设计师"；如今，计文波不仅成为中国服装设计师最高荣誉"金顶奖"的获得者，还是首位入选米兰时装周官方日程举行专场发布的中国设计师，并获得了意大利米兰政府颁发的意大利最高荣誉"金顶奖"，也是唯一获此殊荣的亚洲服装设计师，他的作品得到世界各地时尚人士的高度认可和好评。

计文波曾在利郎、七匹狼、九牧王等中国品牌公司任职多年，为企业创造出不菲的商业价值。并于2002年成立"JIWENBO"原创设计师服装品牌，主打男女装高级成衣系列和高级私人服饰定制。通过多年对市场的接触，计文波深知时装设计品牌化与商业化的重要性，他坦言：目前的中国还没有一个设计师可称为设计大师。如果一个时装设计师可以称为"设计大师"的话，他背后一定是有一个全球知名的名牌，他的设计可以商业化，可以得到市场的认可。但他同时也深信，在未来不久，中国的设计力量必将成为世界的中坚力量。中国的品牌未来必将做出自己的影响力，在全球市场打出自己的品牌符号。JIWENBO品牌倡导无年龄界限，喜欢追求时尚，心态年轻，追求个性，喜欢尝试新鲜事物，懂得尊重和欣赏设计师的理念，同时拥有自己独到的见解与主张。对工作和生活富有激情，有品位，对衣食住行有高品质追求。

　　如何将传统的东方文化更好地展现给世界？如何用世界性的设计语言表达服装设计里的东方元素？这一直是计文波在设计服装时所思考的核心命题。计文波从2004年巴黎时装周开始，到2007年进入米兰时装周，2013年第二次进入米兰时装周官方日程举办个人品牌专场发布会，2015年再次亮相米兰时装周闭幕大秀。他在世界舞台的发布就是以中国传统文化为主题，是最早的"国潮世界的推动者""中华民族传统文化始终是我创作的源泉"这一设计理念贯穿了他的设计生涯，并且成为他追逐人生梦想的核心动力。"个性"与"奢华"是JIWENBO的内在特质，"结构与解构主义"是产品外放的表现方式。将中国传统文化和西方的浪漫表达加以融合，超越地理界线，以艺术的方式用服装为载体，作为个人品牌JIWENBO基础上成立的全品类高级定制的设计师品牌，充分表达出"东"与"西"的文化冲撞，在冲撞中体现出不同文化的结合，在结合中共同走向未来的希望。

　　JIWENBO2016年春夏系列发布会携唐卡文化登上米兰时装周，唐卡——人类信仰的艺术结晶，踏过世界的屋脊，令人魂牵梦绕的是它们如生命般延绵的艺术。计文波提取其精华并将其与跨越国界的艺术交错融汇，形成无与伦比的画面；用略带古旧感处理呈现出不同的质感；把中国的丝绸、麻、羊毛与现代的环保印染技术结合，立体裁剪简约利落，用现代的技巧与民族风情的碰撞，用发自内心的影像呈现出传统与时尚的对话（图3-6）。

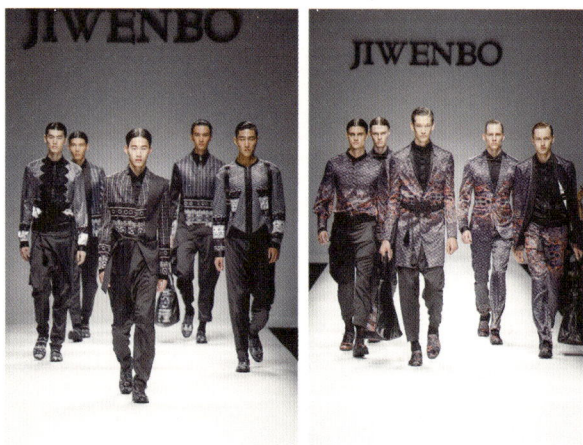

图3-6　JIWENBO2016年春夏系列服装发布会

2.4　卡宾先生杨紫明

中国服装协会副会长，中国服装设计师协会副主席；

卡宾服饰股份有限公司董事长兼CEO、北京服装学院顾问教授、石狮市禁毒宣传形象大使；

2004年荣获"中国十佳时装设计师"称号；同年，在中法文化年"时尚中国皮尔卡丹风华盛典"荣获最具潜质时尚服装设计师奖，并成为首位向全球直播Fashion TV的设计师；

2006年获得时尚年度大奖"华人杰出名师勋章"；

2007年卡宾先生带领团队在纽约时装周举办CABBEEN专场发布会，这也是第一个登上纽约时装周的中国品牌；

2008年获得时尚先生"最具风尚设计师"；

2010年荣获第十四届中国服装设计"金顶奖"及"2010年度亚洲杰出青年时装设计师"称号；

在新冠肺炎疫情爆发期间，果敢当先，配合政府制造抗疫物资，支援一线，被授予"全国纺织行业抗击新冠肺炎疫情先进个人"称号。

　　1971年，杨紫明出生于福建石狮，早年是一名专业拳击运动员，退役后于1997年创立卡宾品牌，一直担任卡宾服饰艺术总监，信奉"颠覆流行，方能创造时尚"的设计哲学。卡宾Cabbeen服饰"颠覆流行"的品牌理念，始终领先一步的个性时尚定位以及对原创设计的坚持与付出，使卡宾Cabbeen成为今日中国领先设计师品牌。2013年10月，卡宾Cabbeen服饰成功在中国香港上市，成为首家在香港上市的中国时尚服装设计师品牌，创建至今，卡宾服饰一直秉持"经营以提升品牌价值为纲，管理以建设人力资源为本"的经营理念，不断构建与完善国际化经营模式。旗下已形成Cabbeen、Cabbeen Urban、2AM、Cabbeen Love等以时装业务为核心，延伸至时尚家居、时尚生活服务领域的品牌矩阵。卡宾先生是一名优秀的学习型企业家，2009年获得中山大学岭南学院的高级工商管理硕士学位；2012年荣获"中国纺织行业年度创新人物"。2013年开始担任北京服装学院顾问教授，目前正在攻读新加坡管理大学DBA学位。

　　卡宾先生还把他对生活和设计的理解，带到了其他各行各业，2017年，受邀出任昆庭中国品牌大使；受邀成为迈凯伦竞英俱乐部首批成员，并成为全球首位为该品牌设计跑车内饰的中国设计师；2019年，受邀携迈凯伦570GT MSO卡宾特别版，参加比弗利商会企业家新春派对；设计、制作庆祝中华人民共和国成立70周年大会群众游行服装；携手中国航天文化设计、制作联名系列；2021年受邀成为"长征五号B遥二"及"长征七号遥三"火箭发射任务队员服装总设计师，并成为荣誉队员。2022年受邀为亚轨道飞行试验队任务服装首席设计师及荣誉队员。并且一度登上《时装男士》《时尚先生》《芭莎男士》《时尚健康》等知名杂志封面。荣获《罗博报告》"年度私享家"称号，"Best of the Best 罗博之选"人物类"年度设计师"奖项，作为品牌挚友，受邀共同创作10月刊艺术封面。

2020年秋冬Cabbeen卡宾发布会现场以"金戈之生"为主题，以现代科技的视觉手法真实还原中国古代战场，战鼓齐鸣声迭起，"壵"士铿锵出行，俨然是一派硬核先锋的独特氛围。本次发布会除了特立独行的布景以外，Cabbeen卡宾再次回归设计本身，以"颠覆时尚"的品牌理念重新出发，以中国古代军事文明为设计灵感，带来系列中华文化设计作品。作为设计先锋的卡宾先生，带领设计师团队解构服装设计，以"壵"士概念贯穿整个秋冬系列，融入Z世代的游戏视觉重塑古代军装风格，掀起跨次元的武侠电竞风潮。Cabbeen2020秋冬时装发布会呈现了一场古今交融、迸发中华文化与原创潮势力灵感对撞，点燃新国风下硬核文化"壵"气的沉浸式大秀（图3-7）。

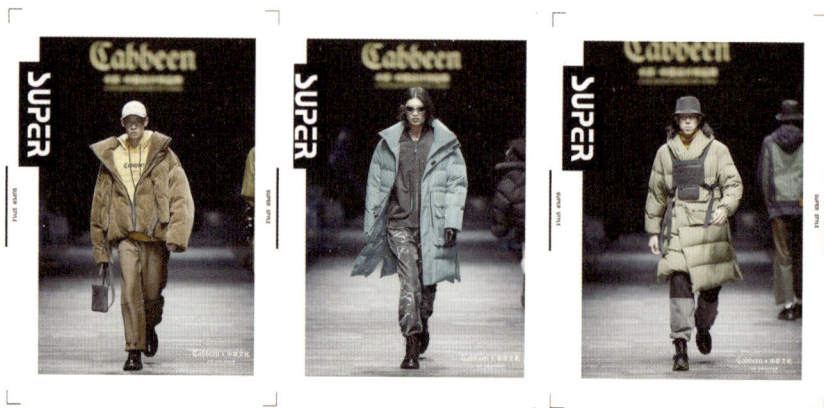

图3-7 Cabbeen 2020年秋冬卡宾发布会

2.5 王钰涛

中国服装设计师协会副主席；

北京服装学院校外研究生导师/中华女子学院兼职教授/青岛大学客座教授；

2011年荣获梅赛德斯—奔驰中国国际时装周先锋设计师/荣获第15届中国服装设计师最高奖"金顶奖";

2011年荣获中国纺织服装行业十大设计师及年度创新人物称号;

2012年受邀参加梅赛德斯—奔驰德国柏林时装周2012 A/W专场发布;

2014年荣获年度哥本哈根皮草设计大师奖;同年,荣获亚太经合组织(APEC)会议人领导人服装样衣制作工作并作出突出贡献奖;

2015年受邀参加中国香港华丽秀发布2015 A/W女装系列发布;同年,受邀参加澳大利亚悉尼时装周2016 S/S专场发布;

2017年荣获第21届中国服装设计师最高奖"金顶奖"/自创品牌B+荣获年度时尚品牌奖;同年,获第二届耀动华人颁奖盛典年度杰出华人设计师;

2018年荣获中国国际时装周"最佳女装设计师"时尚大奖;

2020年自创品牌Beautyberry荣获年度时尚品牌奖;同年,受邀参与录制CCTV-3综艺频道《回声嘹亮》与《衣尚中国》发布戎装系列;

2021年受邀参与北京2022冬奥会和冬残奥会制服装备视觉外观设计。

Beautyberry 品牌创始人,2005年创办个人男装品牌BeautyBerry.homme,2015年首次推出副线品牌B+ by BeautyBerry。

Beautyberry以其独树一帜的设计理念,新锐的市场洞察力,传递着人们对个性的延伸。其设计理念是:田园都市里的品质男女,思维充满激情幻想,但某时也要固守传统。张扬不羁是他们活力的体现,含蓄内敛又带出他们本质里的羞涩,拥有阳光的体魄是他们衡量健康的标准,独到的眼光又带出非凡的鉴赏能力。他们注重物质的表象,更关心精神的本质,宏观上要求谨慎,细节更不容忽略。他们守望纯粹,却又感激着生活之美,简洁大方,却不失感性奢华,自我的风格在恣意地流露,无须过分渲染,只要驻足,就会感受他们的与众不同。Beautyberry聚焦于成衣定制,主要面向国内高端消费人群。B+迎合了后疫情时代,人们居家时间大大增长,对服装的诉求就呈现出舒适柔软的趋势。

2020年春夏Beautyberry的创作灵感就是来自20世纪80年代年轻人的生活风貌。那是一个现代时尚开始骚动的时代,大家努力探索着时尚和生活的新方向,那可能是一个最有勇气的时代,年轻人大胆且敢于表现自己,Disco舞蹈充满诱惑与活力。高耸的垫肩,夸张的领子,倒V廓型都像是20世纪80年代复兴的巨型雕塑,前卫但不出位，艺术且不附庸风雅。Beautyberry所追溯的姿态，健康与美丽，率性与纤柔，通过斜纹雪纺与牛仔、几何图形织锦与超细羊毛的对比来表达，波点花卉的皱褶放大新轮廓的设计细节，黑与白的大量运用将品牌一贯的大气、优雅风貌集中体现。王钰涛的非凡之处在于，他轻而易举地"定格"了那个最有灵魂的年代。继续发扬了80年代年轻人所特有的勇敢，回溯了那个年代所赋予的自由，还保持了属于那个时代的时尚，复兴了此时代已然非常模糊的"高贵"（图3-8）。

图3-8　Beautyberry 2020春夏系列服装发布会

2.6　曾凤飞

曾凤飞ZengFengFei品牌创始人创意总监；

中国时装设计师最高奖"金顶奖"获得者；

全国纺织服装工业劳动模范；

六届荣获"中国最佳男装设计师"奖；

2014年APEC会议男领导人服装设计主创之一；

2015年世乒赛官方指定礼服设计师；

2017年金砖国家领导人厦门会晤指定服装设计师；

2019年武汉第七届世界军运会颁奖礼服设计师；

中国服装设计师协会常务理事，时装艺术委员会主任委员。

2009年，曾凤飞的时尚事业上了一个新台阶——自创品牌"ZENGFENGFEI"在北京新光天地和厦门磐基中心开了专营店。曾凤飞对"ZENGFENGFEI"的冀望是：让外国人尊重，让中国人骄傲。除了集纳中国传统文化元素的设计风格外，面对国际时尚大牌，ZENGFENGFEI的确已有值得骄傲的所在———当国际大牌的高级定制纷纷走向没落的时候，中国的成衣定制市场却显现出生机勃发的迹象。

ZENGFENGFEI品牌的服装品类主要有时尚休闲类和商务男装类，依据产品用途可以分为"礼吉常行"四大类，用中国语言为当代男装做了精确的定义。礼服，套装、衬衣成组搭配，可作为正装出席礼仪庆典等正式场合；吉服，传统中国服饰，更加强调中国文化特质，传统礼仪着装；常服，日常休闲服饰，追求自然与舒适性，体现中国男人的儒雅气质；行服，休旅服饰，注重功能性，易于打理、轻便、保暖、耐磨等日常实用功能。

ZENGFENGFEI的设计理念为中西合璧式——"中学为体，西学为用"。曾凤飞的自我包装也属于"中西合璧式"。曾凤飞说，自从事服装设计行业以来，所穿服装就都是自己设计的。其实，服装不存在绝对的美与丑，因为每个人的气质和风格不同，所做的选择也应该不同，选对了，自然就美，所以，在时尚大师曾凤飞的穿衣原则排行榜中，排在第一位的是"舒适健康"，第二位是"自然自我"，之后，时尚的效果便水到渠成。中国元素是"ZENGFENGFEI"品牌的核心，品牌贯穿了"中学为体，西学为用"的设计风格，同时品牌向世人展现精湛的功力，简单大方的裁剪，时尚经典的风格。打造具有中国文化内涵的时尚，曾凤飞高级服装定制已成为中国男人传统经典文化和现代时尚奢华相结合的代名词，充分演绎出中国男人的生活方式。

ZENGFENGFEI《山哈》2020春夏作品发布会登录中国国际时装周。畲族自称"山哈"，意为居住在山里的客人。本季曾凤飞以《山哈》为主题，以56个民族为创作根本，提取了以设计师曾凤飞的家乡霞浦为代表的畲族服饰元素。服饰图案取材于日常生活中各种物象，如飞禽走兽、花鸟虫鱼、农舍车马及传统的几何形图案，如万字、云头、云勾、浮龙纹、叶纹等。服饰上面的图案不仅包含了人们的祝福，还包含了畲族人们日常生活中的传说等。多数图案采用满地花的构图方法以适应服装整体感的要求，图案表现手法是采用中国传统的线描式或近乎线描式，以单线作为纹样轮廓的造型手法。在图案的用色上面，以绿、蓝为主调的基础上，有的加上一点色彩鲜艳的花边或围腰之类，平添几分情趣。畲族妇女的彩虹式花襟由五节很宽的蓝、红、白、绿、黑布圈或彩缎镶接而成，这其中又包含着一定的象征意义，如蓝代表天空，绿代表草地，红代表太阳等（图3-9）。

图3-9　FENGFEI·Z 2020春夏系列服装发布会

2.7　刘勇

中国时装设计最高奖"金顶奖"获得者；

中国服装设计师协会（第九届）常务理事、艺术专业委员会主任委员，福建省服装设计师协会会长，广东省服装设计师协会副会长；

LIUYONG品牌创始人，武汉纺织大学服装学院 校聘教授、硕士研究生导师；

1990年开始服务于多家服装品牌企业，先后担国内著名女装品牌首席设计师、设计总监等职，后任七匹狼品牌商品总监、劲霸男装品牌商品企划总监、波司登等品牌商品企划顾问；

1997年获"鄂尔多斯杯"时装设计大赛一等奖，"大连杯"中国青年设计师大赛（非针织组）优秀奖；

1999年获评"深圳十佳时装设计师"；

2004、2006年两次获评"中国十佳时装设计师"；

2008年获"旭化成"中国设计师创意大奖；

2014年参与APEC会议官方认定领导人服装设计并成为核心设计师团队之一；

2014、2015年两次获评中国时尚大奖年度"最佳男装设计师"；

2017年荣获"2016中国纺织行业年度创新人物""2017年中国纺织行业十大年度人物"；

2016年（第二十届）、2020年（二十四届）两次获中国时装设计"金顶奖"；

2017、2019、2020年受邀担任武汉时装周艺术顾问；

2018、2019年两次在纽约时装周官方主场地发布作品；

2021年荣获粤港澳大湾区科技时尚文化周"湾区之光·时尚人物"称号；

2022年受邀担任2022辛集时装周策划统筹。

1990年起，刘勇从加入深圳服装行业开始，就一路见证整个行业、生态与潮流的变化。在经历热火朝天的加工、代工时代，到自主品牌意识。刘勇先后担任深圳"一禾""早春二月""季德纳""紫月"、武汉"太和"等女装品牌的首席设计师、商品企划师、副总经理等职位；2003年，开设服装设计工作室，与"与狼共舞""欧柏兰奴""彬伊奴"等服装品牌合作；2008年，任"七匹狼"商品总监、2011年，任"波司登"羽绒品牌商品企划顾问；2012～2015年，任"劲霸"男装品牌商品企划总监；2014年，推出个人同名品牌LIUYONG@PLAY，于2018年9月纽约时装周，与具有国潮风格的"大鲲"品牌联名推出了一场充溢着浓郁东方美学的轻奢潮牌发布，将中国本土潮流力量带上国际舞台；2019年9月，刘勇与RISHIKENSH携手，以"瑜伽生活"为核心，用一场LIUYONG X RISHIKENSH 时装发布会，通过古老的东方运动、悠久的中国传统文化、独一无二的科技材料创新、个性鲜明的时装创意设计等结合，缔造并向世界彰显将影响未来的中国时尚力量。"时尚来源于生活"便是LIUYONG@PLAY的设计理念，以塑造潮流个性、休闲自由的着装风格的品牌，突出文化元素延展，强调Oversize装扮，注重材料的天然性，简洁百搭的暗黑色彩，在提倡自由休闲的生活方式同时，更加注重穿着者的体验与互动。

从2004年踏上时装周舞台并获得中国十佳时装师开始，刘勇连续12年在中国国际时装周上举办时装秀，发布个人或与品牌合作的作品。可以说，他是一路参与和见证中国时尚发展，而"金顶奖"也肯定了他的设计水准、能力与对时尚行业的贡献。第二次获"金顶奖"，是2020年11月1日在中国国际时装周闭幕式暨中国时尚大奖年度颁奖典礼上，此次发布以"嗨色"为主题，力求用极富活力的年轻人打招呼的特色语言，来表达发布作品的活力与当代中国青年人蓬勃的朝气。年初全国驰援武汉时，天使白、橄榄绿、守护蓝、志愿红在一线迅速集结，万众心、同甘共苦的团结伟力，成就了2020年中华大地上最流行的色彩。这让作为在武汉教书育人的设计师深深为之感动，故在本季作品的创作中，将自身独特的标志符号和刚柔相济的结构词汇重新解剖组合，向"逆行者""守护者"和"坚守者"致敬，并且使用了最新科技的环保型材料，展示潮流服饰的创新除了审美和视觉上的好看之外，制作工艺的革新让衣服更轻盈、更便捷、更实用。这场时装秀，表现了流行与社会社会变化紧密相关，再次表达了刘勇作为中国顶级时装设计师的时尚观与社会责任（图3-10）。

图3-10　LIUYONG 2021年春夏系列服装发布会

3 设计力量——新锐设计师

3.1 周翔宇

周翔宇出生于1982年，毕业于Den Haag服装学院，曾经攻读工业造型设计并在阿姆斯特丹自由大学修读荷兰语。2005年，就任于Jeroen van Tuyl公司。于2007年在北京CBD（中央商务区）建外SOHO成立设计工作室，创立Xander Zhou品牌。

周翔宁是服装设计师里的社交高手，他设计的男装有强烈的少年气质，强调模糊性别的着装概念，凸显设计的多元化。周翔宇将他的理念着重于探索东方神秘主义与未来主义的联系与结合。这就好像一扇灵感之门被倏然展开，这位设计师通过接下来的多个系列构建出了"XANDER宇宙"。就在这个宇宙中，有着多样的种族与样貌，他们可以是人造人，可以是机器人，甚至是外星人。在这些星系里，无不充斥着疯狂的想象力，古怪、浪漫主义与荒诞不经。

具体到Xander Zhou的旗下设计，设计师周翔宇创造出了一套属于自己的独特艺术视角。他从Miuccia Prada以及Nicolas Ghesquière两位设计师的作品中总结灵感，配合自己多年的专业经历来强调系列的设计思路，他注重服装穿着时的整体搭配感，并同时试图将其中的性别定义模糊，破碎掉这些固有陈规只为最完美的视觉效果。另外，因为自身原本的国际化生活背景，周翔宇带来的设计也拥有更加国际化、更加立体的视角，这也是Xander Zhou能够登上国际时装周的原因之一。周翔宇的作品非常注重服装穿着时的整体搭配性，强调模糊性别的着装概念，而不是刻意的中性感，一切从完美的视觉效果出发。他的设计大胆地打破了服装原有的穿着比例，在局部细节的特殊设计，可以与其他服装轻松搭配组合。对崇尚个性又喜欢都市摩登风格的顾客来说，是理想的品牌。

XANDER ZHOU 2021春夏系列"虚拟现实"稳定版在上海的一个老影院揭幕。整个系列由发布于伦敦的线上走秀视频"真实的虚拟性"与发布于上海线下秀场的"虚拟现实"两部分组成。两者议题相同，表现形式如镜像般存在。时装设计师周翔宇认为：所有发生在我们周围的事物，都是一面镜子，映射出某一种意识的本来面貌，等待我们去看见。此次服装设计灵感源自往季元素的整合与解构，延续在伦敦发布系列中首次直面自身的中国根源，引用了很多古代中国的标志性装饰图案，如点穴、龙图腾、盘扣以及视错幻影等。周翔宁用肚兜、马褂龙图腾、瓜皮帽等充分体现东方文明，而对服装的裁剪方式则采用现代化的方式，展示出科技感，将东方神秘主义和亚洲未来主义现代性之间的联系体现得淋漓尽致（图3-11）。

图3-11 XANDER ZHOU 2021年春夏系列服装发布会

3.2 上官喆

时装品牌SANKUANZ上官喆由设计师上官喆创立于2013年，现为巴黎时装周的官方日程品牌。SANKUANZ上官喆因独特的设计语言与强烈的辨识度，受到了众多艺人的青睐，其中包括Chris Brown、Charlie Xcx、2 Chainz、Rita Ora等海外艺人，以及鹿晗、陈奕迅、李宇春、易烊千玺、蔡徐坤等国内艺人。SANKUANZ上官喆自成立以来，先后与彪马（Puma）、添柏岚（Timberland）、鬼冢虎（Onitsuka Tiger）、Herschel Supply Co.等品牌合作，成功推出联名系列。同时，SANKUANZ与奥迪、百事等商业品牌进行了跨界合作。SANKUANZ上官喆品牌产品线涵盖了男女装，皮具，鞋及配饰等。其中shoes for shoes鞋套鞋、Cube球鞋、Dagger包袋、耳机是品牌的明星产品，子品牌是Undpromotion。

SANKUANZ上官喆关注并解构当代青年文化面貌，借由时装创作提出对于未来社会的假想，一个高科技的近期未来，以及科技创新与社会体制的相互碰撞，是SANKUANZ

世界观的持续来源。上官喆的设计理念与他对生活的细腻感受、对情绪的瞬间捕捉紧密相系在一起,这令他的作品看似平淡却表达出只有同道中人才能迅速领会的生活哲学。所幸的是,他的"同类"不在少数,不然他也不会在短短几年间迅速被业界及爱好设计的人们所认可。上官喆喜欢尝试各种面料的搭配组合,羊毛、棉、亚麻和雪纺都会出现在设计之中,总是带来一个又一个的惊喜之作。

上官喆所设计的品牌SANKUANZ维持简单实用的风格,重视面料的质地和穿着的舒适度。而他的另一个品牌Undpromotion则走设计路线,加强服装的设计感和面料创新,风格略为夸张。上官喆的时装美学与他对生活的细腻感受、对情绪的瞬间捕捉紧密相系在一起,令他的作品看似平淡却充满浓浓的诗意。SANKUANZ上官喆的时装作品具有深度融合的特征,不同形式的服装被重组后以类制服的形态展示出来,展现出强硬内核的集体主义风貌。作品中具有宗教气息的符号系统也是其另一显著特征,这些观念和形式在其时装系列里最终回归到青少年的形象当中。

SANKUANZ 2020春夏系列放大了西部装束和鬼马装饰的细节,表达了设计师自身对现代社会装束的理解,在戏谑风格和品牌DNA中找到了平衡。品牌标志性的经典西装、街头和军装风单品与西部文化准确相接,令人不由想起《西部世界》中荒谬的场景,现代社会与西部世界的交汇。颇具未来感的浅绿、荧光绿和明紫运用在牛仔单品、男式军装飞行员夹克和女款贴身剪裁麂皮夹克上,规避了原本服饰色彩的单调。SANKUANZ2020春夏系列也在实穿性造型和戏剧感造型中得到平衡,SANKUANZ 2020独有的街头造型和多个可双面穿着的造型透露着品牌底蕴。上官喆在持续自身风格的同时,发挥了对西部文化的丰富想象力(图3-12)。

图3-12 SANKUANZ上官喆2020年春夏系列服装发布会

3.3 王逢陈

FENG CHEN WANG 男装品牌，是上海夏艺时装有限公司旗下的服装品牌，总部位于上海。FENG CHEN WANG 的创始人王逢陈 2015 年从英国皇家艺术学院男装设计专业毕业，便来到纽约时装周的联合展台，展示自己的创作，并同年创立自己的个人时装品牌 FENG CHEN WANG，这一品牌的服装品类主要有男装、男女同款、运动装。

FENG CHEN WANG 展现出的是极简主义、概念性设计以及卓尔不群、令人叹为观止的先锋性理念。FENG CHEN WANG 的设计得益于设计师对外套设计独到的眼光，自成立以来好评如潮。套头式外套、飞行员夹克和羽绒外套等单品以水粉色调呈现，并配以富有光泽感的细节画龙点睛；此外，成衣的层次感、局部的夸张剪裁以及强调构架感所达到的效果，均打破了街头潮流对固定板型的沿用，呈现出的是对经典的重塑。品牌的受众主要为热衷于"街头文化运动"与"街头服饰"，并且能够欣赏高级时装的设计细节的年轻人。

王逢陈这样描述自己的美学"未来现代、真实多维"。王逢陈的故乡是中国福建，在她所设计的男装中，我们能够读出她对自己生活的所思所感。在 FENG CHEN WANG 的 2020 秋冬系列中，武夷山破晓时分的魅力化作服装上的温暖色彩。在 2021 秋冬系列中，她又以中国古代凤凰为灵感核心，王逢陈从中国传统吉祥物——凤凰身上提取灵感，将凤凰化用为形态不同的印花。紫色和橄榄绿色，彰显着凤凰这一吉祥瑞兽所代表的高尚美德；凤凰阴阳结合的形象，也非常贴合 FENG CHEN WANG "打破性别界限"的品牌理念。除此之外，水墨笔触也是本季新品的主题之一（图 3-13）。

图 3-13　FENG CHEN WANG 2021 秋冬系列服装发布会

3.4 陈鹏

设计师陈鹏不仅是品牌CHENPENG设计总监,也是2022年2月4日北京冬奥会开幕式的服装设计师。CHENPENG隶属于上海玄鹏贸易有限公司,由设计师陈鹏于2015年创立于伦敦,次年(2016年)成立上海玄鹏贸易有限公司。陈鹏担任北京2022年北京冬奥会开闭幕式服装设计制作,品牌设计总监陈鹏带领其团队完成了5个环节的服装设计及1880套服装的制作。

一直以来,CHENPENG提倡"平均时尚主义",为少数特殊体型人群而宣言,其设计美学中没有美与丑的分界线,而是突出个人特点;通过对不同体型结构的研究,设计出最适合大众的服装。CHENPENG是一个兼具创意与商业平衡的一个品牌,每个系列拥有很强的戏剧张力,标志性的廓型结合羽绒品类的优势,创作出具有鲜明品牌特色和个人风格的作品。英国*ANTIDOTE*杂志的造型总监Anders Sølvsten Thomsen称其是:反传统主义的、离经叛道的。在一开始的时候,CHENPENG的消费者好像是极致主义的"时装迷",他们大部分是时装行业、媒体行业、艺术行业或者相关行业的一些从业者,敏锐度比较高,很快能捕捉到的产品创意。后来,CHENPENG的产品逐渐出现在了国内的一些买手店中,主要覆盖的是一些年轻的女性消费者,她们以为产品适合出街造型和自拍。当CHENPENG通过与商业品牌的一些合作,下沉到三四线城市时,面向的是对于生活有一定追求的消费者,他们能接受的产品价格区间会低一些。现在大家买羽绒服,不再是因为对保暖层面的需要了,而是出于精神层面的需要,是对他们各自生活方式的一种宣言。因为整个经济环境、物质生活方面的改善,大家对于产品的购买有了更多考量,会考虑买这个产品它能传达自己什么样的生活方式和精神追求,对于羽绒服的需求也从一开始的刚性需求转变成了弹性需求。

"垃圾岛"是CHENPENG 2021AW秀场的灵感来源,未降解的塑料、倾倒的垃圾经过大西洋洋流循环形成了新的岛国。时尚界一直都在讲可持续的议题,但在工业化时代的大背景下一个品牌能做的其实并不多。"我这次做这个第八大陆系列就是想通过设计直观地表达塑料污染的世界图景。"设计和创意总是先于现实又反照现实的,这次系列里用了洋流、海藻、冰川的图样,马海毛做出的渔网针织衫,希望这次的概念可以让行业更加重视这个环境的问题(图3-14)。

图3-14　CHENPENG 2021秋冬系列服装发布会

3.5　孙晓峰

　　孙晓峰毕业于四川美术学院SEAN SUEN的设计师。外界这样评论孙晓峰的设计："源于日常但又略显夸张，以独立精神打破平庸，最明显特征之一是廓型，箱型大衣和oversize（大码）的西装外套上最为明显，适合追求前卫、潮流的年轻人。"但孙晓峰本人在开始既未考虑面向什么群体，也没有斟酌走什么风格："我没有太刻意去思考独特风格，后来媒体采访不断问到，我才去想，答案很简单：只有大胆做自己、把自己特性表现出来才最独特。"

　　品牌一直以来都在探索如何突破传统的男装廓形，让穿者享受质感与面料的考究制作的同时，找到自信表达自我的方式。孙晓峰称自己许多设计正是源于对自己的持续挖掘，尤其是性格中的矛盾，他尝试将截然不同的两面或多面调和起来，"让它们相遇、碰撞看看，会怎么样。"这一点直观地体现在面料选择上，他喜欢用反差感很强的面料拼在一起，如皮料跟真丝，"它们本来不协调，但通过设计处理能传递共同的本质，表达稀缺或质感。"现在，孙晓峰对素材的冒险探索还在继续，尝试着将外界看来"浮夸"的料子进行组合。而他的设计首先出于自身审美，而不是场景或职业需求："现在人们穿衣风格比较多元，没有哪个职业一定要穿什么，这个界限模糊甚至消失了，所以'量体裁衣'很像传统裁缝的思维，我做出来东西，追求服装跟人、人体进行互动的穿着体验。有人穿上觉得是自己就很好。"

　　SEAN SUEN全新呈现的AW 2021上海秀场，巴黎男装周归来，定格于栋外滩边的百年建筑，呈现出有别于巴黎大秀视觉以外的另一面。本季主题为"平庸的怪物"异类的表达，被边缘不代表没力量，不被听见不代表不该被听见。如果声音够大就能代表，体系够强就该是主导，那视之可见则会单一而无趣，或是偏见而刻板。设计体系里，不能只有一种潮流；时装语言中，也不能只有一种表达。建立"正常"和"非正常"之间的对话，"流行"与"非流行"之间的碰撞，是这一季SEAN SUEN想要呈现的（图3-15）。

图3-15 SEAN SUEN 2021秋冬系列服装发布会

3.6 龚力

8ON8是由中央圣马丁男装硕士毕业生龚力（LI GONG）在2017年所创立的男装品牌。设计师龚力在硕士阶段被授予Grand Prix LVMH Scholarship，毕业季作品在伦敦时装周上受到美国版*VOGUE*评论SarahMower和BOF等媒体的一致好评。8ON8品牌的产品线主要有运动男装、时尚男装两类。

龚力所传达的是设计师关于复古未来主义美学的诠释。品牌以龚力富有年代感的视角出发，融合他心目中关于生活的想象，并以日常生活为参照，构建出一个专属于8ON8的架空的理想主义世界。品牌理念即：源于生活，高于生活，想象更美好的生活。品牌在结合了功能性面料和传统工艺的创新基础上，通过极端剪裁和对人体比例的把控，以结构化的设计与当代运动元素的相互交织，并采用丰富的色感相融，打造出平面视野中的多层次感，在增强品牌成衣感的同时，从服装本身挖掘更多的可能性，传递出8ON8特有审美。龚力希望建立一种成熟的青年文化，来展示当下青年的另一种面貌和形象。这也是一个多元文化的市场所需要必备的一部分。目前品牌正处于一个发展较快的阶段，也是通过每一季的探索来不断完善这样的形象同时吸引更多内敛潇洒的成熟青年。

8ON8 21秋冬秀场重现复古未来主义猎场，本季主题为HEELS'HILL。在8ON8 2021秋冬系列中，再度扩张品牌超现实主义版图，将架空式的故事性场景搬到现实世界当中，上演一场荒诞不经的复古未来主义围猎。该系列灵感汲取自古典打猎活动，将现代感注入古典廓型，加以8ON8贯的色彩美学与运动细节，描绘出"富贵、轻松、荒诞"的围猎假日（图3-16）。

图3-16　8ON8 2021秋冬系列服装发布会

4　中国男装设计风格嬗变

在经济全球化和文化多元化的时代背景下，随着男性消费者需求的多样化发展，21世纪的男装风格呈现出多元化、个性化、本土化的发展趋势。我国也诞生了众多具有民族特色的男装设计师，如计文波、刘勇、曾凤飞等设计师。中国男装设计的兴起不仅是世界服饰文化的一支分流，同时也是东西方服饰文化相互交流与融合的产物。

男装是指依据男性的体形特征、气质特征及情感需求所设计的服装，其款式通常为直线造型及"T"字形造型，能够凸显男性肩宽胯窄的阳刚之气。

《时尚、文化、身份》(*Fashion, Culture and Identity*)的作者戴维斯认为：显然，任何时尚的定义，都试图抓住它和风格、习俗、因袭的和受欢迎的衣着不同之处；如果说时尚就是流行的模式，那我们也必须把重心放在我们使用这个术语时常联想到的"变化"的意义上。由此可见，中国男装文化的发展与时代风格、社会习俗等方面息息相关。系统研究中国男装设计师风格的嬗变，构建中国男装设计风格的变化规律，从而更好地把握中国男装设计的发展趋势。

4.1　依托西方服饰廓型结构的中国男装风格

改革开放使国人了解国外的生活模式及社会文化，一方面，是对西方现代制度的学习；另一方面，是对西方生活方式及新鲜事物的模仿与接受。因此，在这样的时代背景下，中国男装呈现出依托西方服饰风格进行发展的设计风格。

改革开放后至21世纪初，中国男装开始全盘接受西服，并且逐渐形成具有民族特性的西服产业和西服风格文化。在此之前，传统中式男装通常为上衣下裤式，上衣是以单色丝麻棉毛织品制成的大襟或对襟式袍褂，下衣则为腰部开始收省的中式男裤，这种传统男装风格则由明清时期传统男子"马褂"演变而来。20世纪90年代到21世纪初期，西方的制度及生活方式等方面开始大举传入中国，服装风格上呈现出明显的西方服装特点。其特征主要表现为两个方面：西式裁剪方法及西式服装款式。首先，中式男装中全面融入西式裁剪方法，如运用省道技艺、熨烫技术等制作对襟立领上衣。其次，全盘接受西式服装。20世纪90年代的中国男装风格以廓型宽松、笔挺的西服和潇洒的夹克为主，男性开始脱去清一色青色或蓝色的中山装。

4.2　初步形成具有东方特色的中国男装风格

21世纪初，中国男装开始向国际化与多元化发展。2000年12月11日，中国正式成为世界贸易组织（WTO）的成员，国外资本贸易不断涌向中国市场，中国男装品牌及市场逐渐多元化，人们对男装风格的个性化需求越来越强烈，中国男装产业得到进一步发展。众多男装设计品牌不仅追随国际时尚的发展，同时不断提升产品的个性化设计，从而初步形成独具中国特色的男装设计产品。"中国服装业发展30年，从最初的加工制造进化为系统化时尚生产，形成了具有中国特点的时尚生产场域。"❶

自2000年中国官方提出"文化产业"相关政策，中国时尚产业开始以文化为指向，设计具有文化性、创新性的现代化产品。因此，2000年至2010年中国男装风格初步形成独具东方特色的风格场域。首先，中国服装设计大赛的大力开展，为独具东方特色的中国男装产业不断输送人才。如"兄弟杯""金顶奖""中华杯""大浪杯""虎门杯"等比赛，皆围绕中国传统文化的挖掘为大赛主旨，让参赛选手系统而深入地探究传统文化，从而为独具东方特色的服装设计提供源源不断的设计人才与设计灵感。如武学凯、武学伟、吴海燕、马可等中国本土知名服装设计师。其次，对传统服饰文化的继承与延续，使得此时的男装设计产品中呈现出东方特色风格。"中西合璧"理念下继承和创新并举，将本土元素与时尚元素进行结合，其中包括"曾凤飞""上海滩""柒"牌等。这一阶段，中国男装设计开始在廓型、工艺、材质等方面融入传统服饰特色。

4.3　成熟融合中西服饰文化的中国男装风格

2010年后至今，中国男装设计师开始深入挖掘中国传统服饰所蕴含的美学思想，

---

❶ 姜图图. 时尚设计场域研究——1990-2010年中国时尚场域理论实践和修正［D］. 杭州：中国美术学院，2012.

从造型、结构、工艺、纹饰等多个方面对服饰文化及审美进行传承，并一定程度上融合西方服饰特点，从而达到东西方文化精髓的融会贯通，形成能够成熟融合传统服饰文化的中国男装风格。这一阶段，男装设计师开始从各个不同时期找寻设计灵感，植根于中国的文化进行设计。

这一时期，男装品牌大多以"中西融合"的手法进行设计。在款式与造型上呈现出西方立体围绕式设计手法，而在服装局部则融入具有中国服饰特色的设计元素，如将平面裁剪结构、交领右衽、立领对襟等元素融入其中，从而整体风格上呈现出稳重、质朴、含蓄的审美特征。例如，中国非物质文化遗产传承品牌瑞蚨祥，不仅在服装的款式、面料、工艺等方面基本延续中国传统服饰，通常使用端庄大方的天然纤维面料，同时整体风格上体现出自然含蓄、天人合一的传统服饰审美特征。由此来看，2010年后至今，中国男装品牌皆从形式要素、审美风格等各方面延续传统服饰特点，并在整体廓型及结构等方面融合西方服饰设计手法，从而设计出极具本土文化特色的现代男装产品。

针对中国男装设计风格嬗变这一问题，本篇幅主要运用文献分析法和案例分析法，认为中国男装风格主要经历了三个时期的嬗变，分别是依托西方服饰廓型结构的中国男装风格、初步形成具有东方特色的中国男装风格、成熟融合中西服饰文化的中国男装风格。第一个阶段的中国男装风格呈现出全盘接受西服、以西服廓型为基础等特点；第二个阶段的中国男装风格不断将本土服饰元素与现代时尚元素相结合，初步形成具有东方特色的男装风格场域；第三个阶段的中国男装多将中西方文化融会贯通，呈现出成熟融合中西服饰文化的中国男装风格。同时，中国男装设计师风格具有两个明显的特点，分别是先创男装设计师和新锐男装设计师。其中，先创男装设计师以深入挖掘中华文化精髓为主进行服装设计，新锐男装设计师则多立足于当下青年文化和未来社会构想进行服装设计。在男装设计师风格的多元化发展下，中国男装设计将本土文化与创新设计相结合，并不断作出新的突破。

5 中国男装设计高等教育发展及特色

　　为了适应新中国的经济飞速增长，伴随着服装产业发展的新机遇，中国服装院校的发展也日新月异。我国高校的服装高等教育起步于20世纪80年代，1983年到2022年四十年间，国内开设服装与服饰设计专业的院校已百余所，经过近40年的不断发展和壮大，几十年间取得了丰硕的教学成果。中央工艺美术学院（现清华大学美术学院）于1980年率先开办了大专性质的服装设计培训班，是最早开始筹建服装设计专业的高等院校（图3-17）。1983年苏州丝绸工学院（现并入苏州大学）开始招收全国服装设计专业本科生，随后西北纺织工学院（现西安工程大学）也开始招收了服装设计与工程的本科生；1986年上海的中国纺织大学（现东华大学）成立服装系，之后，1988年北京服装学院诞生。除了全国纺织院校开设的服装专业以外，一些轻工院校、美术院校都开设了服装系，就此拉开了我国高等服装教育的序幕。

图3-17　1984年9月，中央工艺美术学院服装设计系成立大会❶

　　在纺织、美术、轻工三大类院校开设服装专业的背景下，为了进一步提升我国高校服装专业的教学水平，同时迎合服装产业对高素质、高水平、高质量服装人才的需

---

❶【109岁的清华，你好！】回望清华大学美术学院前身——原中央工艺美术学院，清华大学美术学院官网，2020.04.29.

求，西北纺织工学院于1985年成为全国第一个服装工程硕士点授权单位，中国纺织大学服装学院于1998年取得隶属纺织一级学科的服装工程博士授权资格，并获得教育部重点学科称号。在我国服装教育产业中已基本构建了研究生教育、本科教育、专科教育、职业教育等较为完善的教学体制，同时，各层次的教学单位也为我国乃至世界服装市场源源不断地输送着不同类型的服装人才。

中国男装产业的发展同样是随着中国服装高等教育的发展共同成长的，到2020年为止，中国男装产业已经形成了包括以江浙地区的上海、宁波、温州为代表的"浙派"男装产业集群，以闽东南的晋江、石狮为代表的"闽派"男装产业集群，以及借助港、澳等海外优势而成长的粤珠三角男装产业集群等。一方面，利郎、七匹狼、柒牌、海澜之家等一大批国内著名男装品牌，在拥有雄厚资金、技术、营销资源的前提下，企业竞争已经从产品竞争过渡到了品牌竞争；另一方面，广东、浙江、福建等加工基地的男装生产企业也逐渐从贴牌加工到ODM厂商转型。❶但从国内服装专业的教学规模、学科覆盖范围等方面看，虽然每年有大批服装艺术设计专业的毕业生走进社会，但仍满足不了男装企业的需求。纺织服装院校作为人才培养的基地，能否提供适应市场需求的创新，成为中国男装企业在全球化经济竞争中的关键点。

5.1 中国服装设计专业高等教育分布及发展历程

四十年的教育引领，使中国的服装行业发展有了显著的成就，形成较为规模化的品牌集群，为行业和地方培养、输送了大量人才。国内知名院校的办学形式、课程设置等方面已经逐渐与国际接轨，不断融入世界现代服装设计教育发展行列之中，尤其是在每年各地举办的时装周以及设计大赛中脱颖而出的优秀设计人才，逐渐成长为设计师品牌或企业的设计中坚力量，形成了风格化的中国服装设计师群体。

5.1.1 国内服装设计专业高等教育基本状况

中国的服装专业主要分为服装设计和服装工程类两种，最早分别由中央工艺美术学院（现清华大学美术学院）、中国纺织大学（现东华大学）于20世纪80年代初期创办，后来地方所属学校也纷纷开设服装设计类专业，尤其是高校扩招之后。该类专业的开设

---

❶ 吴玮."闽派"男装生存现状与二次创业策略探析［J］.泉州师范学院学报，2013（1）.

学校数量快速上升，至2017年已经有约三百多所，其中有二十多所高校以及科研机构中已经构建了大专、高职、本科以及研究生四级专业教学体系。就服装设计类专业的开办院校和教学特色而言，形成了美术类院校、纺织类院校和其他院校三大集群。

当前我国的服装专业依据实践能力以及基础理论主要可以分为三个专业大类。第一，服装艺术设计，占比50%，本科阶段的服装专业教学主要是对学生的创新能力以及创新意识进行培养，对学生的商业意识加以提升。第二，服装设计与工程，占比40%，主要是就学生的服装设计、服装结构工艺以及营销理论等方面的能力进行培养。第三，服装设计与表演，占比10%，主要是培养具有专业能力、综合素质以及具备相关技能的模特师资、时装模特等人才。

由于作为产业导向的服装设计具有大都市作为核心、向中小城市传播的特征，加上在国际服装产业链和中，以经济发达城市和地区具有较高的教育方向性的主导权，因此就服装设计学科地域分布状况来说，主要分布在四个区域：珠江三角洲流域的东莞、广州以及深圳等地；长江三角洲区域的苏州、上海、宁波和杭州等地；东北部区域的北京、长春、沈阳和青岛等地；中原区域的郑州、西安以及洛阳等地。

5.1.2 国内高等院校男装设计课程设置

国内的服装设计高等教育发展已近四十年，但相较于迅猛发展的中国男装产业，我国的男装设计高等教育发展是滞后的。各院校在教学计划中都有将女装设计和男装设计作为专业方向设置，纳入技能培训课程里。但大多数院校课程安排的侧重点在女装设计上，男装设计的教学内容和课时设置不及女装设计课程的一半。以北京服装学院为例，作为国内外知名服装设计领域头部院校，创建于1987年，以设计艺术学、艺术学、服装设计与工程等北京市重点建设学科为基础，围绕学校"艺工融合、实践创新"的办学定位，在专业建设中坚持"创意融合技术、设计传承文化"的教学理念，在2015、2016年的BOF国际专业排名中均名列国内第一、亚洲第二。2017年被批准为教育部特色专业建设点、北京市一流专业（图3-18）。

北京服装学院的服装与服饰设计专业分为学科基础和学科方向两个层级，男装设计方向设置在大三学科分流完成后。受到国际高等教育"博雅"教育的影响，在课程体系设置中男装设计的课时相对较少，教学内容大都从男装市场、设计思想等知识内容入手，授课时多强调知识面的多和广，即专业的"宽口径"，学生就业面对工作岗位时，实质性的技能存在缺失。

大连工业大学服装学院成立于1985年，迄今已有三十余年的办学历史，是国内最早开设服装设计专业的高等院校之一。1993年开始招收本科生，2003年获得服装设计与工程、设计艺术学、艺术硕士三门学科硕士学位授予权，是我国东北地区唯一拥有服装设计与工程工学硕士学位授予权的单位，是东北一流的服装专业人才培养的重要基地。学院先后八次获得中国服装教育最高奖项——育人奖，是国内获此荣誉最多的院校。大连工业大学服装学院男装设计方向设置稍早，大二下学期完成专业分流。课程设置主要以男装设计思维、平裁（衬衫与西裤）、市场调研与趋势分析为主。但本科教育阶段仍然存在理论课时多于实践课时的现象，教学中的实践设计与企业要求有差距（图3-19）。

图3-18　1988年北京服装学院正式定名❶

图3-19　大连工业大学服装学院❷

随着中国服装行业的产业升级，尤其是男装市场的快速发展，男装企业对于设计人才的需求催生了国内较多的高职服装院校以及民办服装院校在男装设计方向上的投入。民办高校和高职院校在教学资源以及行业地位上与公办本科院校确实有差距，但在办学上却具有灵活的特点，尤其是创新创业教育在一定程度上弥补了资源上的不足，是国内高等服装设计教育体系中的重要组成部分。"现代学徒制"借鉴英、德等国的教学经验，构建了我国高职服装专业教育的人才培养主要模式，以校企合作的方式进行课程建设。目前国内主要有"工学交替""订单式"培养、以企业为主的合作办学模式，可以根据市场环境变化调整教学方式及内容。从学生的就业形势看，高职院校男装设计专业面临着现代社会的巨大冲击和挑战。能否培养出具有新型知识和市场观念的复合型人才，将直接关系到我国男装品牌在国际上的地位，我国男装品牌设计与国际男装品牌设计的差距，需要所有从业人员共同努力来缩短。

---

❶ 图片来源：北京服装学院官网—校园概况。
❷ 图片来源：大连工业大学官网—校园风采。

5.2 中国男装设计高等教育面临的问题

产业背景下的服装设计专业高等教育，应紧密围绕行业、企业需求进行人才培养，这是中国男装设计高等教育面临的核心问题，关乎行业发展、关乎人才培养质量。《国家中长期教育改革和发展规划纲要（2010—2020）》中就已明确强调，产教融合的培养模式是提升高校艺术设计应用型人才综合能力的主要途径。2018 年，全国有十几所高校撤销了服装与服饰设计专业，成为全国撤销最多的专业。撤销的服装设计类专业的院校多处于服装产业对地方经济的贡献率较低或者服装产业相对落后的省份❶。由此可以看到中国的高等服装设计教育从以扩张规模为主的模式，开始向建设培养创新能力的设计人才模式的方向上转变。从招生数量上看，虽然人数和规模减少了，但也为中国的服装设计高等教育品质的提升带来一次转型腾飞的契机。

5.2.1 面向创新的男装设计高等教育

"知识经济时代，创新人才的培养已成为一个国家提升综合国力的显示要求。由于知识创新已经渗透到经济生活、社会生活的各个方面，所以创新人才的需求也呈现多元化和多层次化的趋势"❷。创新设计人才决定了中国男装行业发展的未来。相较于国外的服装设计高等教育，中国服装设计专业的创办多依靠纺织、丝绸工科院校、工艺美术院校、戏剧电影艺术院校为主。其中工科类院校因最初的创办人员多从纺织科系转过来，带有浓厚的纺织专业色彩，其办学思路更倾向于为大纺织、大服装工业服务。如大连理工大学服装学院、长春工业大学服装学院、武汉纺织大学服装学院，都是典型的工科类大学开设服装设计专业，他们有着相对完备的纺织服装产业链学科分类，纤维科学、染色整理、工业制造等浓厚工科色彩的课程设置，学生也拥有较强逻辑思维能力与相应的动手能力。美术艺术类院校服装设计专业的培养目标则强调学生的创造性和想象力，属于艺术性很强的专业，以艺术类人才的模式进行培养，美术基础是挑选专业人才素养的关键。服装设计课程虽然很多，但基本依托于美术教育，很多服装设计专业课在进行培训的同时还将美术训练作为教育目标的一部分，对现代时装的工业化、如何建立品牌等商业方面较少着墨。

---

❶ 卞向阳，周洪雷. 关于中国服装设计类专业教育的再思考［J］. 美术观察，202（7）：14-17.
❷ 徐小英. 校企合作教育对技能型人才创造力的影响研究：知识分享的中介作用［D］. 武汉：武汉大学，2011：32.

虽然服装设计课程是产业课程，强调知识的应用性，实践性，但是大部分学校因为课时较少而对男装设计课程安排只能针对基本款式的练习，对其他新款式的设计学习课时安排不足，这在一定程度上造成学生的知识片面化，没能得到系统和全面的认识，难以掌握男装设计变化的规律，在设计过程中无法对现有设计进行综合考量，造成学生无法调动自己的思维进行创新，只能对原有的知识进行模仿制作的后果。传统的男装设计教学重点在设计开发与生产制作环节，培养的设计人才在知识结构上缺乏对消费者、营销渠道两端的涵盖，学生自主实践的机会少，自主思维能力和动手操作能力没能得到有效提高，缺少一定创新思维和对现代男装市场的分析及应变能力，难以在短时间内快速胜任男装产品资讯搜集与消费者分析研究和市场新媒体推广等复合型创新设计工作。在新时代的服装设计教育过程中，创新设计人才的培养需要密切关注国内外纺织服装时尚行业的大方向，以及国内外经济政策的新变化；紧扣区域产业一体化发展及传统服装产业转型升级对人才的需求。

这种设计创新能力的欠缺，还可以从中国国际大学生时装周的作品中看出大学生国际时装周是国家批准举办的面向国内外时装院校的公共服务平台，由中国服装设计师协会、中国纺织服装教育学会和中国服装协会共同主办，旨在宣传推广服装教育成果、展示大学生设计创意才华、促进大学生创业和就业，以进一步提高我国服装教育教学质量，更好地满足我国纺织服装业转型升级过程中对设计创新人才的需求。大学生国际时装周从创办至今已有十年，第一届大学生时装周的毕业生作品，各个参赛院校的特色非常明显，能感觉出每个院校各自专业、所在地方特色、文化的传承。随着服装行业的商业进程不断提升，近年来很多学校展示的设计慢慢失去了自己的院校特色和地方特色，大部分作品都是在天马行空展露所谓的"创意"，如PVC材料、廓型的运用，各种不规则的拼接，同质化越来越明显。因此，在未来服装设计高等教育中，需要进一步实现创意创新在培养学生专业素养和创新能力中的作用（图3-20）。

5.2.2　校企联合的课程教学

在设计专业的高等教育培养目标里，企业人才需求和专业教育一直是相辅相成的，也是各学校专业教育水准的重要衡量指标。由于服装行业中不同类型、不同层次的企业对人才的需求各有不同，因此要强调专业教育是培养符合时尚行业发展趋势的服装设计人才，而产教融合是最为有效的方式，即将专业课程教学融合到产业链之中，将课堂搬到企业和设计师工作室，也是国际通行的服装专业课程教学模式。对于服装行

图3-20　2013年第一届中国国际大学生时装周男装设计作品 ❶

业企业用人单位而言，通过校企合作与订单培养，使企业能招到自身最需要、最适合的人才，这对于在业界参与激烈竞争的服装企业来说，在人才争夺上无疑"棋先一着"。当然，产教融合并非在企业上课那么简单。首先，需要选择与办学定位和课程相匹配的合作企业，依据男装市场发展的需要进行男装设计教学内容的研究。将市场调研、信息分析、预测提案、设计构思、设计创作与检验、设计评价等内容，在授课过程中采用多元结合的方式方法，加大实践课时的比例，由传统的主题性教学向面向市场的应用性教学转型，既培养学生作为男装设计师所应具备的素质和能力，又要使其具备男装艺术家和男装学者应有的素养与气质，实现课程艺术设计训练、市场实践及意识培养的专业训练，做精做深。

从2007年开始至今，十几年来，北京服装学院、东华大学服装学院等头部服装设计专业院校纷纷开展了男装设计方向的校企合作项目，积极探索网络化时代背景下男装产业发展的方向，紧密结合市场的需要进行创新设计人才培养。以企业定制项目为手段，通过校企、产教紧密结合的方式，为学生提供真实的学习和创作环境，提高设计过程中的实操性。同时企业也以多种形式参与教学，使得学生能在毕业前快速进入实际的创作生产流程，形成设计人才与企业需求之间的良性循环（表3-1）。

---

❶ 中国国际大学生时装周官网—往届回顾—2013年，武汉纺织大学服装学院、浙江理工大学服装学院、北京服装学院、东华大学服装学院参展男装设计作品。

表3-1 院校校企合作

院校名称	校企合作	年份
北京服装学院	与劲霸男装携手北服开办"服装工业工程班",联手搭建校外实践基地;2019年与劲霸男装及其他院校启动《中国男士着装美学白皮书》项目	2014~2019年
东华大学	创立"东华大学—雅戈尔男装研究中心";2019年与劲霸男装举行校企战略合作签约,正式启动"东华大学—劲霸男装"服装卓越班毕业实习项目	2007~2019年
江西服装学院	订单班(波司登、康博男装、利郎、七匹狼、红豆、阿什顿、乔顿、安踏、卡宾)	2010~2020年
陕西服装工程学院	2014年与东蒙集团达成校企合作协议;2019年和上海报喜鸟有限公司达成校企合作协议	2014~2019年
清华大学	柒牌与清华深研院研究生联合培养基地正式揭牌;启动清华+柒牌"Seven Modern 创响"课程教学	2015~2016年
江南大学	与劲霸集团联合建立经编面料研发中心	2007年
上海视觉艺术学院	与上海培罗蒙西服总公司签订校企合作仪式;与劲霸男装实行校企合作项目制教学"专业课程+企业项目"	2013~2018年

(数据来源:中国男装高级定制中心收集整理)

江西服装学院利用自身民办高校办学的灵活优势,整合社会资源,深化人才培养模式改革,自2010年起开创订单班教学,成立了波司登、康博男装、利郎、七匹狼公司等十多个校外企业实习基地,被中国纺织工业联合会、中国纺织服装学会授予首批"纺织服装中国人才培养基地"。教学根据行业发展趋势,运用行业前沿信息,随时调整教学计划,合理设置课程,修改教学内容,保证学生学到最新最有用的知识和技能。课程的设置从产品研发、服装定制、人才培养、精品课程开发、赛事合作、建立面料超市、实体店运营等。"订单班"在资源配置方面除了拥有学校的教育资源外,还拥有企业丰富的人力资源与硬件资源。企业参与到学校人才培养计划和人才培养过程中,有利于发挥企业人力资源与物质资源在办学过程中的作用,实现企业资源与学校资源的有机整合,使学校资源配置更优化。在高校服装设计专业毕业生就业形势严峻的情况下,这种"订单式"教育,最明显最直接的优势就是规避了就业风险,既实现了用人单位人才需求和学校人才培养"零距离",也缩短了学校毕业生进入企业后的培训期,提前解决了学生的就业问题,尤其是2015年至今,每年被服装企业吸纳的订单班优秀毕业生可以达到六七百人(图3-21)。

图3-21　江西服装学院康博男装订单班开班

　　此外，一批知名企业男装设计师纷纷返回高校担任教学工作，承担了行业导师的责任，这也是男装设计高等教育发展中值得关注的。计文波，中国设计师最高奖"金顶奖"获得者，1997年起，先后在盖奇、七匹狼、九牧王等男装企业工作，最终落户利郎，担任着长达7年的设计主理工作，拥有中国国际时装周十大设计师，中国服装设计师协会理事，中国《时尚先生》终身成就设计大师等一系列的头衔与荣誉。他多次代表中国参加国际知名时装周做专场发布会，也是中国首位在米兰时装周举行专场发布的男装设计师。2019年，计文波正式受聘于广州市白云工商技师学院，成为常驻客座教授；2021年白云学院计文波国际时尚设计学院成立，以培养有价值、有高度的人才为目标，为产业、为行业注入源源不断的发展源动力（图3-22）。

图3-22　2021年计文波国际时尚设计学院在广州成立

　　刘勇，20世纪90年代初起工作于深圳，先后任一禾、早春二月、季德纳、紫月、武汉太和等品牌首席设计师，1999年，被评选为"深圳十佳服装设计师"。2004、2006

年两次被评为"中国十佳时装设计师"，2014、2015年获中国时尚大奖年度"最佳男装设计师"，2016、2020年两次获得中国时装设计"金顶奖"。2016年，在武汉纺织大学服装学院的热情邀请下，以"阳光学者"特聘教授的身份教授男装服装设计与品牌服装设计等实践课程。刘勇多年与各大服装公司与品牌的常年合作，累积了多年行业经验，他的"先融于产业，再突出个人特色"设计工作理念为学生带来导向、规范、鼓励的示范作用，建立充足的男装设计师人才储备，为企业推荐人才，为学生提供更多的实习实践机会，在实践中不断锻炼成长，体现了中国设计师的社会责任担当（图3-23）。

图3-23 武汉纺织大学服装学院教授刘勇

随着越来越多知名中国设计师在国际崭露头角并投入国内的男装产业，以及众多国际时尚品牌入华敦促男装企业提升设计专业度，越来越多企业开始加大对设计研发的投入，在新的产业发展形势下，强调通过专业课程与产业链的对接融合培养符合产业发展趋势的设计人才，从前瞻性角度解析专业前沿和组织综合课程，构建合理的知识结构和促进学生学习能力提升，通过多种途径培养学生国际化的时尚认知和提高设计实践能力，共同为中国男装产业和时尚社会创新培养高素质人才。

5.2.3 新时代对于男装设计教育的新要求

中国男装设计教育伴随中国服装行业的发展到今天，积累了较多规范化的框架，传统男装设计与女装设计相比具有更多严肃性，由此导致在高等院校本科教育阶段，男装设计人才培养数量与女装设计人才培养的数量相差较大，但这并不是说男装设计教育路很窄。恰恰相反，目前市场上关于男装设计的职业岗位有很多，如男装设计师、男装形象设计师、男装面料设计师、男装广告设计师、男装展示设计师、男装品牌顾问、男装营销主管、男装媒体专业人员等，男装行业岗位成为市场上的香饽饽。

当今世界处于百年未有之大变局，男装产业与时尚行业也是如此，数量、价格的竞争模式已经离我们而去，国内成规模的男装企业已经蓄积了大量资金和技术力量，以产品创新为目标进入转型的新赛道，用于衡量企业可持续发展能力的指标已经从生产规模转向设计研发投入的比重等因素。因此，设计创新的专业教育已不仅是知识教学，更是要强调设置专业前沿和拓展课程体系的前瞻性和综合性。强化社会实践，培养设计人才学以致用的能力和职业素养，立足未来的消费文化以及时尚产业发展中基于大数据和机器学习的智能化设计工具的使用、行业的互联网化和智能化倾向、民众的时尚社会心理、社会的发展趋势等，以拓宽视野为目的，在服装设计的艺术类教育知识体系基础上，将最新艺术流派和创作思维、国际著名设计师和强势品牌设计风格的学习，将其贯彻到设计实践教学，作为培养设计创新能力的重要环节，进而提升中国在国际男装产业中的地位及话语权。

参考文献

［1］胡波. 中山装：一个时代生命的符号［M］. 广州：广东人民出版社，2008.

［2］赵明. 近现代中国人生活图典·服饰卷六［M］. 西安：陕西科学技术出版社，
2017.

［3］李莉婷. 服装色彩设计［M］. 北京：中国纺织出版社，2004.

［4］卞向阳. 中国近现代海派服装史［M］. 上海：东华大学出版社，2016.

［5］时涛，欧阳明德. 男装品鉴［M］. 北京：中国纺织出版社，2010.

［6］张瑶瑶. 改革开放初期我国男装发展探究（1978-1989）［D］. 北京：北京服装学
院，2018.

［7］陈霞. 当代中国风格服饰探究［D］. 西安：西安美术学院，2015.

［8］颜春. 中国服装三十年［D］. 北京：北京服装学院，2008.

［9］张瑜. 改革开放后中国服饰变迁分析［D］. 武汉：武汉纺织大学，2016.

［10］宋海帆. 社会学视野下20世纪70年代以来中国服饰变迁解析［D］. 成都：四川
师范大学，2015.

［11］李新彤. 针织西服面料的开发及性能评价研究［D］. 无锡：江南大学，2020.

［12］蔡磊. 服饰与文化变迁［D］. 武汉：武汉大学，2005：17-19.

［13］滕兆媛. 基于设计因素的男装色彩研究［D］. 上海：东华大学，2012.

［14］于丹. 建国后至20世纪初中国服饰流行的研究［D］. 东北师范大学，2012.

［15］马昀. 论中国服饰审美思想的历史演变［D］. 天津：天津工业大学，2006.

［16］刘静静. 中山装的变迁、特征及创新性研究［D］. 长沙：湖南师范大学，2011.

［17］武晓媛. 论当今国服设计的价值理想［D］. 上海：上海戏剧学院，2013.

[18] 伍燕超. 中山装的发展演变探究 [D]. 北京：北京服装学院，2019.

[19] 邸竟峰. 中山装产生、演变及其审美特征初探 [D]. 呼和浩特：内蒙古大学，2011.

[20] 宋星宇. 牛仔服装本土化设计研究 [D]. 杭州：浙江理工大学，2019.

[21] 郭雷. 男装牛仔裤款式设计探究 [D]. 西安：西安工程大学，2011.

[22] 周蛟. 全棉牛仔布的织物结构对其保型性研究 [D]. 杭州：浙江理工大学，2010.

[23] 李竹君. 牛仔布系列新产品开发及其生产工艺 [D]. 苏州：苏州大学，2008.

[24] 于丹. 建国后至20世纪初中国服饰流行的研究 [D]. 长春：东北师范大学，2012.

[25] 袁肖云. 基于90后消费需求分析的牛仔服设计方法研究 [D]. 杭州：浙江理工大学，2016.

[26] 周利群. 论中国服装设计及其教育 [D]. 长沙：湖南师范大学，2006.

[27] 陈果. 基于THE DRESS CODE的Suit、Blazer、Jacket文献研究 [D]. 北京：北京服装学院，2012.

[28] 王晓莱. 男式夹克衫结构功能性设计与研究 [D]. 大连：大连工业大学，2013.

[29] 蔡蓓. 现代男装设计风格异性化研究 [D]. 上海：东华大学，2007.

[30] 严烨晖. 无性别化在当下时装设计中的应用研究 [D]. 苏州：苏州大学，2019.

[31] 范强. 20世纪80年代以来中国T恤设计研究 [D]. 苏州：苏州大学，2007.

[32] 於琳. T恤的历史及文化研究 [D]. 苏州：苏州大学，2007.

[33] 夏权. 论流行文化对T恤图形设计的影响 [D]. 上海：上海师范大学，2010.

[34] 陈仕富. T恤图案设计研究 [D]. 长沙：湖南师范大学，2016.

[35] 张梦如. "中性化"元素在男装品牌设计中的应用与推广 [D]. 杭州：浙江理工大学，2018.

[36] 徐欣怡. 国内外潮牌T恤设计对比研究 [D]. 上海：东华大学，2013.

[37] 朱维. 插画艺术在T恤上的运用研究 [D]. 北京：北京服装学院，2010.

[38] 董心怡. 男式衬衣衣领造型对整体风格变化的影响研究 [D]. 天津：天津工业大学，2017.

[39] 曹兵权. 男衬衫特征研究及其数据库的构建 [D]. 苏州：苏州大学，2017.

[40] 刘宇. 中性服装风格发展与设计应用的研究 [D]. 石家庄：河北科技大学，2013.

[41] 姚桂珍，胡燕. 现代面料风格设计特征与设计方法探讨 [J]. 毛纺科技，2012，40（1）：61-64.

［42］郑雪，王欣，赵方圆. 中式男西装款式的变革［J］辽宁丝绸，2011（4）：44，24.

［43］陈明艳，赵芹. 现代男西服风格演变及工艺特点［J］. 纺织学报，2015，36（10）：120-127.

［44］魏振乾. 西装时尚化趋势：一种产业发展的视角［J］. 南通纺织职业技术学院学报，2009（2）：49-53.

［45］吴志明，刘梦. 改革开放三十年中国服饰文化的嬗变［J］. 艺术百家，2012，28（S1）：32-35.

［46］潘敏. 20世纪50年代以来中国服饰的发展与演变［J］. 文史杂志，2002（1）：48-51.

［47］李当岐，孙素叶. 漫谈"国服"——中山装［J］. 美术观察，2006（3）：13-16.

［48］宋德风，王洁. 民国男子服饰及色彩研究价值［J］. 流行色，2020（11）：13-14.

［49］王志成，崔荣荣. 从"新中装"设计看传统服饰结构基因的提取与持续［J］. 服装学报，2021，6（3）：271-277.

［50］钱欣. 对国服概念的探讨［J］. 丝绸，2009（6）：49-51.

［51］陈晓玲. 牛仔服的发展历史及刺激因素分析［J］. 天津纺织科技，2005，26（1）：9-12.

［52］程隆棣. 新型牛仔布用纱技术与纱线产品［J］. 纺织导报，2010，29（10）：34-35.

［53］吴湘济，朱彦，朱玮娜. 牛仔服面料的流行趋势及其设计［J］. 上海工程技术大学学报，2009，23（1）：78-83.

［54］王秋红，李淳，杨静宇. 花式牛仔产品设计及生产工艺的开发［J］. 大连轻工业学院学报，2002，22（4）：308-310.

［55］陶红. 加速资源聚集，促进产业融合"'纺织之光'牛仔面料及服装环保加工技术"科技成果推广会举办［J］. 纺织服装周刊，2019，21（23）：16.

［56］韩福龙. 试论20世纪大众传媒视野下中国服饰民俗流变［J］. 学理论，2010（6）：89-90.

［57］邢宇新. 夹克史话［J］. 北京纺织，2001（6）：57-60.

［58］汪宝树. 历久弥新的夹克衫［J］. 世界文化，2003（2）：47-49.

［59］何亚男. 论中国男装品牌面料发展的新趋势［J］. 现代经济信息，2013（20）：276.

［60］吴志明，刘贝芬. 改革开放后影视作品对我国服饰流行影响研究［J］. 电影文

学，2011（9）：127-128.

[61] 范强. T恤设计及其文化意涵 [J]. 装饰，2005（9）：126-127.

[62] 范强. 我国20世纪80年代以后T恤设计的演变 [J]. 装饰，2007（7）：88-89.

[63] 邵建奋，汪国昌，童锡军. 开发超细涤/锦复合丝T恤的实践与探讨 [J]. 针织
工业，1998（1）：46-48.

[64] 李琼舟，王国书. 保健型老年丝绸T恤设计思考 [J]. 丝绸，2014，51（2）：47-
50.

[65] 华桂英，涂平莲，华伟杰，陈兰. 新型防静电屏蔽T恤类服装的研发 [J]. 现代
丝绸科学与技，2019，34（2）：20-22.

[66] 夏冬琴，王莹莹，吴志明. T恤定位图案的艺术特征 [J]. 丝绸，2019，56（12）：
86-91.

[67] 郭海梅，沈雷. T恤文化发展及其设计探讨 [J]. 现代商贸工业，2007（11）：
283-284.

[68] 吴志明，刘梦. 改革开放三十年中国服饰文化的嬗变 [J]. 艺术百家，2012，
000（A01）：32-35.

[69] 阎玉秀，金子敏. 男衬衫基型之研究 [J]. 纺织学报，2005（3）：125-128.

[70] 林晗，霍德薪. 衬衫面料漫谈 [J]. 辽宁丝绸，2015（3）：18-19.

[71] 刘政钦，徐有亮，倪爱红，彭绪庆，王春燕. 棉型吸湿凉爽机织衬衫面料的开发
[J]. 棉纺织技，2019，47（11）：33-37.

[72] 宋波. 多元混交府绸面料的开发与生产 [J]. 上海纺织科技，2021，49（2）：
42-44.

[73] 郭燕. 雅戈尔自主创新技术引领传统衬衫产品升级的实证研究 [J]. 纺织导报，
2009（1）：22-25.

[74] 刘政钦，秦达，宋海燕. 纯棉衬衫成衣免烫整理加工技术 [J]. 山东纺织科技，
2010，51（1）：20-22.

[75] 陈英，史明玉. 现代商务男衬衫的综合设计研究 [J]. 轻纺工业与技术，2015，
44（2）：33-38.

[76] 刘国太. 衬衫推出新款式，牛仔服风流不减 [J]. 消费经济，1995（2）：42-43.

[77] 韩福龙. 试论20世纪大众传媒视野下中国服饰民俗流变 [J]. 学理论，2010
（6）：89-90.

［78］吴圆圆，赵敏. 基于TPO原则的中式男衬衫的应用设计［J］. 轻纺工业与技术，2018，47（Z1）：24-25，28.

［79］毕蕊. 基于流行趋势分析衬衫面料的开发方向［J］. 纺织导报，2016（9）：63-66.

［80］姚穆. 纺织面料的发展趋势与新材料技术的应用［J］. 棉纺织技术，2002（3）：5-10.

［81］吴志明，刘梦. 改革开放三十年中国服饰文化的嬗变［J］. 艺术百家，2012，28（S1）：32-35.

［82］郭超杰. 凸肚体男西裤上裆结构的多因子优化研究［D］. 大连工业大学，2015.

［83］曹立辉. 影响西裤造型的结构因素分析［J］. 浙江纺织服装职业技术学院学报，2010，9（4）：30-34.

［84］刘爱芳. 男装西裤，风采入秋爽［J］. 消费经济，2000（5）：65.

［85］钟彩红. 时尚男士西裤中的细节设计［J］. 艺术教育，2017（Z6）：197-198.

［86］袁明，阎芬. 男西裤形态尺寸与舒适性关系的研究［J］. 浙江丝绸工学院学报，1990（4）：1-6.

［87］苑敬民. 略论我国男西裤纸样设计存在的问题［J］. 天津纺织工学院学报，1995（1）：15-21.

［88］李淑娟. 西裤后裆缝斜度定量分析［J］. 济源职业技术学院学报，2002（1）：65-66.

［89］徐榕. 西裤造型变化分析［J］. 广西轻工业，2007（11）：88-89.

［90］陈英. 现代男西裤结构设计研究［J］. 江苏技术师范学院学报，2011，17（8）：44-49.

［91］郑玮. 单褶H型男西裤纸样设计中褶量的反推计算法［J］. 浙江纺织服装职业技术学院学，2015，14（1）：41-44.

［92］吴佳丽，罗琴. 基于3D CLO的男凸肚体型西裤结构设计规律探索［J］. 纺织报告，2021，40（12）：50-53.

［93］陈郁，陈璐，方琦. 基于三维扫描人体的西裤纸样裆弯线修正［J］. 服装学报，2022，7（1）：1-5.

［94］马华. 地牌西裤引导潮流的"领头羊"［J］. 中国纺织，1999（7）：43.

［95］徐宪华. 西服面料的性能要求与新型面料应用［J］. 轻纺工业与技术，2013，42（1）：46-49.

［96］王婷婷. 针织男式西裤面料开发及服用性能研究［D］. 东华大学，2017. DOI：

10. 27012/d. cnki. gdhuu. 2017. 000032.

［97］赵英姿. 论条纹面料在服装设计中的运用［J］. 装饰，2010（9）：139-140. DOI：10. 16272/j. cnki. cn11-1392/j. 2010. 09. 044.

［98］李亚娟，朱晔，张巧玲. 西服面料的选择及实例分析［J］. 广西纺织科技，2010，39（3）：52-54.

［99］佘如芳，吴志明. 经编成型服装装袖工艺设计研究［J］. 上海纺织科技，2012，40（7）：36-39. DOI：10. 16549/j. cnki. issn. 1001-2044. 2012. 07. 026.

［100］胡金明. 针织内衣接触舒适性研究［D］. 东华大学，2016.

［101］杨宝娣. 服装的起拱变形［J］. 国外丝绸，1997（4）：25，30-32.

后 记

  由中国男装高级定制研究中心项目组撰写的《中国男装四十年（1979—2021）》终于问世了，作为与中国男装行业共同成长起来的服装人感到无比自豪。中国改革开放的四十年也是中国男装行业发展的四十年，无论是中国男装文化、男装市场、男装设计理念、男性服饰审美与消费观念都发生了巨大变化，一般人心目中"中国男人不重视着装""中年油腻男"的观点随着经济收入的增长，逐渐变为"服饰代表生活水准和文化喜好"，新一代中国男性对着装的重视已经觉醒。

  在为期两年的市场调研工作中，项目组成员循着男装企业的发展轨迹，从东南沿海的闽江、福建男装产业集群，到江浙沪男装产业集群，我们看到中国男装企业在经历了单品规模生产、专卖店销售、品牌树立、大品牌冠军崛起的各个发展阶段后，完成了从单一款式向多元化甚至个性化方向发展的转变，特定的服饰产品符号化越来越明显，基本形成了属于中国自己的男装产业特征。因此，《中国男装四十年（1979—2021）》的成书，不仅是对中国男装行业发展历史的梳理与呈现，更是中国男装文化、男装设计理论、男装品牌发展战略的参考依据。

  组织撰写、出版《中国男装四十年（1979—2021）》是一个浩大工程，中国男装高级定制研究中心的项目组成员严肃认真、兢兢业业，2020年初项目成型至今，从调研到组稿，经历多次疫情阻断，但我们还是笃定目标，坚持工作，期望专著的出版能够达成呈现改革开放四十年中国男装行业发展脉络、定义标志性的中国男性新形象，传播中国文化核心价值的初衷。

  本书撰写完成过程中，除了中国服装设计师协会、北京中纺永景投资有限公司、广州红棉国际时装城、武汉纺织大学提供了大力支持外，七匹狼、利郎、海澜之家、柒牌、特步、安踏、雅戈尔、劲霸等男装企业也为提供了大量翔实的研究资料，为了更加完整而详细地阐述学术观点，我们使用了其中部分数据、资料和图片进行学术探讨和研究，版面有限就不一一赘述，感谢这些企业和单位的无私帮助。

最后，感谢中国纺织出版社有限公司的各位老师在本书出版过程中的全力支持，他们对编辑、出版这本书高度重视，高度负责，调集了精兵强将，认真审查和修改稿件，才让《中国男装四十年（1979—2021）》得以顺利面市，实在功不可没，再次感谢！

熊兆飞

2022年9月于湖北　武汉